# 古典文獻研究輯刊

## 十六編

潘美月・杜潔祥 主編

# 第 8 冊

## 劉文淇《左傳舊疏考正》研究

蔡 雅 如 著

國家圖書館出版品預行編目資料

劉文淇《左傳舊疏考正》研究／蔡雅如　著 ― 初版 ― 新北市：
花木蘭文化出版社，2013〔民 102〕
目 4+128 面；19×26 公分
（古典文獻研究輯刊 十六編；第 8 冊）
ISBN：978-986-322-159-3（精裝）
1.（清）劉文淇　2. 左傳　3. 研究考訂
011.08　　　　　　　　　　　　　　　　　　102002353

ISBN-978-986-322-159-3

9 789863 221593

古典文獻研究輯刊
十六編　第 八 冊　　　　　　ISBN：978-986-322-159-3

## 劉文淇《左傳舊疏考正》研究

作　　　者　蔡雅如
主　　　編　潘美月　杜潔祥
總 編 輯　杜潔祥
企劃出版　北京大學文化資源研究中心
出　　　版　花木蘭文化出版社
發 行 所　花木蘭文化出版社
發 行 人　高小娟
聯絡地址　235 新北市中和區中安街七二號十三樓
　　　　　　電話：02-2923-1455／傳眞：02-2923-1452
網　　　址　http://www.huamulan.tw 信箱 sut81518@gmail.com
印　　　刷　普羅文化出版廣告事業
初　　　版　2013 年 3 月
定　　　價　十六編 30 冊（精裝）新台幣 50,000 元

# 劉文淇《左傳舊疏考正》研究

蔡雅如　著

## 作者簡介

蔡雅如，臺灣高雄市人，1986 年 10 月出生。國立臺北大學古典文獻與民俗藝術研究所碩士班畢業。研究專長為清代《左傳》文獻學研究。現任職於中央研究院中國文哲研究所，參與《經學研究論著目錄》之編輯工作。曾於《國文天地》天地書肆、學林人物專欄撰稿多篇，主要介紹當代學術新作與文史哲領域學人。

## 提　　要

　　劉文淇，是出身於清代揚州地區的民間學者，乃為乾嘉考據學派的學者之一，亦是當時清代《左傳》學家。根據筆者所做之研究回顧，發現當今之研究，多聚焦於其劉氏一門三代之家學《左傳舊注疏證》。另一《左傳舊疏考正》則相對較少人關注。《左傳舊疏考正》亦為劉氏另一門家學的延續，其子劉毓崧亦有他部《考正》著作。故其學術意義重大。筆者所規劃的研究路徑，首先將以「劉文淇」個人之學經歷、師承、交遊與著述的文獻考察，進而瞭解劉文淇的成長背景、學習環境、師長與友人對他所造成的治學影響。再者，以「清代揚州學派」為研究視角，去探討影響劉文淇治學的學術風尚，其成因與特色為何。還有其撰書動機、撰書過程與體例。此外，討論阮元《十三經注疏校勘記》與《考正》所使用的方法異同。是歸納劉文淇《考正》之所使用的方法，筆者歸納有七大項。試以當今文獻學相關知識去補充劉文淇《考正》論述中，關於「引書」、「定本」、「輯佚」之部分。最後為結論。全文共分有六章：

　　第一章 緒論。為本論文之研究動機、研究界定與相關研究文獻回顧。

　　第二章 劉文淇之生平。以劉文淇之生平為研究的切入點，由其生平事蹟、師承、交遊與著述等面向，討論劉文淇所身處的學術氛圍，如何對劉文淇的治學理念產生影響。

　　第三章《左傳舊疏考正》的寫作動機、撰述過程與體例。第一節先討論唐代《五經正義》之修纂過程，再言清儒對《五經正義》之看法；第二節探討清代《左傳》學學風、《考正》與長編之成書時間點；第三節則言《考正》之體例。

　　第四章《左傳舊疏考正》之內容。第一節討論清代揚州學者研究《十三經注疏》之傳統與特色。第二節探討《考正》之歸納《左傳正義》文字方法，有：本校法、他校法、以時代專用語詞考正、以疏文論述方式考正、以引書考正、以上下文意考正、以定本考正等項目討論之；第三節為後世學者對《考正》之評價。

　　第五章 再議《左傳舊疏考正》之內容。第一節探討劉文淇《考正》中「引書」兩個立說的論述；第二節則是討論《考正》中另一個論述「定本」；第三節則是以「輯佚」之整理方法，討論清代「經學」與「輯佚」之關係。

　　第六章 結論。筆者試以「延續前賢對《十三經注疏》之研究」、「實事求是之治學精神」、「《考正》方法再突破」、「挑戰《正義》之權威性」等四項，再次彙整本論文研究成果。

# 目

# 次

# 第一章　緒　論

「經學」是中國獨有的一門學問。何謂「經」？東漢許愼（約 58～147）《說文解字》：「經，織從絲也」。然而，此作「絲」乃爲「經」的本義。清人段玉裁（1735～1815）《說文解字注》引申其義爲：「織之從絲謂之經。必先有經，而後有緯，是故三綱、五常、六藝，謂之天地之常經」。因此，後世人將「經」字的引申義，用來形容眞理、具有權威性的著作。然而，所謂「經」在春秋戰國之時也非特指儒家著作，在墨家，墨家的著作也稱爲《墨經》。是故，「經」一字，並非專稱儒家著作，其他家派的著作也可稱「經」。直至西漢初年，漢武帝（B.C 156～87）正式登基之後，宣布「罷黜百家，獨尊儒術」，此後世人普遍認爲，研究儒家重要經典著作之學問，稱之爲「經學」。

由目錄學的角度而言，方識經學之重要性。劉兆祐先生《中國目錄學》中梳理歷代各朝目錄分類的情況。〔註 1〕可知漢代劉歆（約 B.C50～23）《七略》，已將〈六藝略〉置於群目之首。後，劉宋王儉（452～489）依據劉歆《七略》撰成《七志》，有〈經典志〉成於書首。梁阮孝緒（479～536）之《七錄》，則有〈經典錄〉冠於七目之首。晉荀勗（？～289）之《中經新簿》，將前人之七目分爲四目，但稱爲甲、乙、丙、丁。直至東晉李充《晉元帝四部書目》，方稱以經、史、子、集爲序，稱呼沿用至此，而歷代目錄學家，都是將經書置於群書之首。由此可知，經學在群學之中的地位。

林慶彰師曾在「經學史文獻學研究」課堂上提及，經學有史學、哲學、文學三種屬性，分求眞、善、美三境界。經學的史學性，在於經典記載了歷

---

〔註 1〕劉兆祐：《中國目錄學》（臺北：五南圖書出版有限公司，1998 年），頁 42～54。

史、神話。經學的哲學性，在於引人向善，通過經典的閱讀，達到教化人民的目的。經學的文學性，在於從文學技巧切入，經典是具有美的屬性。而葉國良先生《經學通論》中則說明，經學的思想特色，集人文、民本、仁愛等三大思想於其中。〔註2〕經典中的文句，記載人民應有自我意識的覺醒，掌握自己的命運以擺脫鬼神的陰影。儒家在政治上的態度，是以人民為先的民本政治為基調。而仁愛乃指五倫之倫常關係，皆能發揮其正常的態度，相互尊敬與尊重。再再都顯示了經典對於人們的重要性與影響。

是故，經典中所言之事，非一般今人所認為，食古不化、迂腐不堪。而是應該要意識到，經學乃是中國文化起源的根源，而今日之學問，無論是史學、文學等，乃至於法律、俗禮等現實生活層面，皆牽涉至中國傳統經學之影響而來，並非無用可拋棄之古老學問。林慶彰師曾言，研究中國經學，對於中國人而言如同天職。再者，中國經學乃匯集文化的智慧結晶。〔註3〕是故，研究中國經學，應以文化為傳承責任外，尚能在傳統中創新為自身期許的目標。

## 第一節　研究動機與目的

中國經學的著作成書時間有先後不同，但多集中於春秋戰國之時。然而，經學歷經近千餘年之發展，在歷代各朝的學者研究之下，產生多部的研究著作。這些注、疏等不同體例的著作，多象徵著中國傳統經學的注、疏傳統。

根據歷史記載、後世學者研究等，顯示清代的確是以經學為主力學術的朝代。首先，由《清實錄》所記載：乾隆十四年（1749）十一月初四日，乾隆下令朝廷詔舉明經行修之士，當道薦之。〔註4〕乾隆皇帝又於十六年（1751）再度下詔，下令九卿督撫，薦舉潛心經學之士。〔註5〕終於，在乾隆皇帝幾番下詔求才之後，於同年（1751）保舉經學之士名單出爐，為陳祖范（1676～

〔註2〕請參見葉國良等著：《經學通論》（臺北：大安出版社，2005年），頁18～21。
〔註3〕藤井倫明整理、金培懿譯：〈從《五經正義》到《十三經注疏》——訪現代日本經學家野間文史教授〉，《中國文哲研究通訊》第16卷第2期（2006年6月），頁21。
〔註4〕〔清〕清代實錄館纂修：〈世宗憲皇帝實錄〉《清實錄》（北京：中華書局，1986年）卷352，頁860。「內大學士九卿、外督撫，其公舉所知，不拘進士、舉人、諸生，以及退休閒廢人員，能潛心經學者，慎重遴訪，勿擇老成敦厚純樸淹通之士，以應精選勿濫，稱朕意焉」。
〔註5〕〔清〕清代實錄館纂修：〈世宗憲皇帝實錄〉《清實錄》，卷391，頁132。

1754）、吳鼎、梁錫璵、顧棟高（1679～1759）。〔註6〕雖然僅四人獲乾隆皇帝賞識，對於江南眾多民間學者而言，確實不成比例。以此記載，實在難判斷當局對民間漢學是否重視。但也由此可知，至少官方對於民間漢學之興盛，還是有其提倡與鼓勵的成份。

　　乾嘉學術之所能興盛，其主因要歸功於阮元（1764～1849），其領軍多位學者，所投入校勘之《十三經注疏》，從事校勘記的編寫，都讓清代學術再度聚焦於經學。阮元主編《皇清經解》，其後有王先謙（1842～1917）主編《皇清經解續編》，將乾嘉時期，民間學者關於經學的著作，一併收入於其中。以及編纂經學工具書《經籍籑詁》，該書把有關《經》、《傳》的各家注釋匯為一編，按平上去入四聲分為一百六部，以一韻為一卷。該書之問世，對於學者從事漢學研究，無疑是一大嘉惠。

　　再者，清代眾多學者所編著的「清人十三經新疏」，欲以收集漢人之注，旁徵博引，實事求是的考證，由清人自編纂新疏。如：惠棟（1697～1758）《周易述》、江聲（1721～1799）《尚書集注音疏》、邵晉涵（1743～1796）《爾雅正義》、孫星衍（1753～1818）《尚書今古文注疏》、焦循（1763～1820）《孟子正義》、郝懿行（1757～1825）《爾雅義疏》、陳奐（1786～1863）《詩毛氏傳疏》、胡培翬（1782～1849）《儀禮正義》、陳立（1809～1869）《公羊義疏》、劉寶楠劉恭冕父子《論語正義》、儀徵劉氏三代《春秋左傳舊注疏證》、廖平（1852～1932）《穀梁春秋經傳古義疏》與孫詒讓（1848～1908）《周禮正義》等，皆是清代學者所撰寫的新疏成果。

　　晚清經學家孫詒讓、章炳麟（1869～1936）、梁啓超（1873～1929）等學者，也認為清代的學術，的確是以經學為主。孫詒讓撰寫〈劉恭甫墓表〉曾言：

　　　　及聖清御宇，經術大昌，於是鴻達之儒，復理茲學，諸經新疏，更
　　　　迭而出。〔註7〕

孫詒讓回顧清代經學研究成果，認為清代之學術，確實以經學為其重點發展之題。同時，孫詒讓也發現到學者對於十三經新疏的編纂，其數量之眾，是一波學術研究的高峰。此外，梁啓超也抱持相近的看法。梁啓超於《清代學

---

〔註6〕　〔清〕清代實錄館纂修：〈世宗憲皇帝實錄〉《清實錄》，卷391，頁140。
〔註7〕　〔清〕劉壽曾著：林子雄點校、楊晉龍校訂：《劉壽曾集·墓表》（臺北：中央研究院中國文哲研究所，2001年），頁5。

術概論》曾言：

　　清學自當以經學爲中堅，其最有功於經學者，則諸經殆有新疏也。

〔註8〕

梁啓超認爲，清代經學的成果，主要係指十三經新疏的撰成。在該章節中，梁啓超依序列出清代學者在《易》、《書》、《詩》、《周官》、《儀禮》、《左傳》、《公羊傳》、《論語》、《孝經》、《爾雅》、《孟子》等書新疏的成果，並分析之。

　　經學乃經國濟世之重要學問，那爲何至晚清以來，仍然陸續有學者將近代中國政治的失敗原因，歸究於清代學術的發展？根據近人侯外廬《中國思想通史》中，將清代學術形容爲「一個史料的辨析者」、「封建貴族階級的保守性表現」等。又劉志靖也認爲，清代乾嘉學術爲「學者耽溺於古籍整理中，爲考據而考據，並不關心社會現實」的學問。〔註9〕可見以上言論，或多或少皆受到民國初年五四運動以來的影響認爲清代經學，不過就是聲韻、訓詁等小學學問。實屬如此？以乾嘉學術爲清代學術發展的主力，這些成果難道一點意義、價值也沒有？又，若說清代是經學興盛的時代，乾嘉學術其客觀的考證經學文獻，不似宋學學者滔滔的自我論述，清代學者在考證之外，自抒己見的篇幅並不多，那麼其經世致用的表現又何在？然而，身處在清代乾嘉學術末期的儀徵劉文淇（1789～1854），又爲何將學術研究，聚焦在唐代《五經正義》中的資料來源問題？思考諸類問題，成爲筆者探討問題的發端。

## 第二節　研究界定

### （一）疏

　　中國傳統經書的詮釋體例，不外乎注、疏二種。然則，今人仍是有將二者混淆之情形，不識其解經體例不同。此外，尚有對「疏不破注」之概念的理解，一般認爲「疏不破注」乃爲義疏唯一之體例等。此皆需要有所釐清。

　　近人張舜徽（1911～1992）將漢代經注的體例，總結爲十科。曰傳、曰

〔註8〕〔清〕梁啓超：《中國近三百年學術史：清代學術概論合刊》（臺北：里仁書局，1995年），頁44～45。

〔註9〕侯外廬、趙紀彬、杜國庠等著：《中國思想通史》（北京：人民出版社，1956年），冊五，頁417～418。又劉志靖之文，收入於王繼平主編：《晚清湖南學術思想史稿·晚清湖南學術的背景與傳統》（長沙：湖南人民出版社，2004年），頁6。

注、曰記、曰說、曰微、曰訓、曰故、曰解、曰箋、曰章句。〔註10〕雖書名
不見得相同，但內容卻都是訓解、注釋經書的著作。南北朝時期，又流行另
一種新的解經體例，稱爲「疏」。有人認爲這是漢代經注的發展所延續，另一
則是認爲由佛教講經題材影響。

　　由《隋書・經籍志》著錄可知，自魏晉之後，經學著作的著錄，可發現
以「義」、「疏」冠名的現象。但是，大量流行以「義疏」、「講疏」爲書名的
現象，是在南北朝時期。所謂「義」，即發揮書中之大義。「疏」者，通也。
即疏通證明之義。但以義疏爲體例的經學詮釋乃起於何時何人，清人陳澧
（1810～1882）有言：

　　　　《漢書・儒林傳》云：「費直以《象》、《象》、《繫辭》、《文言》
　　　十篇解說上下經」。此千古治《易》之準的也。孔子作十篇，爲經注
　　　之祖；費氏以十篇解說上下經，乃義疏之祖。〔註11〕

陳澧認爲，孔子作十翼是爲解釋《易》，故稱爲經注之祖。費氏又以十篇解說
上下經，故爲義疏之祖。是故，陳澧認爲義疏之體例，是可上溯至西漢。清
人焦循（1763～1820）有不同看法。

　　　　漢世說經諸家，各有體例。如董仲舒之《春秋繁露》、韓嬰之
　　　《詩外傳》、京房之《易傳》，各抒所見，不依章句。伏生《書傳》，
　　　雖分屬附注矣，而不必順文理解。然其書殘缺，不賭其全。《毛詩
　　　傳》全在矣，訓釋簡嚴。言不盡義，鄭氏箋之，則後世疏義之濫觴
　　　矣。〔註12〕

綜觀陳、焦二人之說法，因費直《解說》已亡佚，無法窺其全貌。焦循所舉
鄭玄《毛詩箋》今尚存。若以後世義疏的形式比較之，鄭玄《毛詩箋》既解
經文又釋傳文，確實符合今日對義疏之概念。若回到經學史的歷史脈絡中，
也可發現到漢代的經注之學的體例，與南北朝義疏之學的關聯性。

　　義疏體例之興起，時間點約是在東晉末至南朝之初。其興起之原因，目
前較爲重要的說法，則有戴君仁（1901～1978）、牟潤孫（1908～1988）先生

〔註10〕張舜徽：《廣校讎略：漢書藝文誌通釋》（武昌：華中師範大學出版社，2004
　　　　年），卷三，頁45。
〔註11〕〔清〕陳澧：《東塾讀書記》（上海：世界書局，1936年），頁16。
〔註12〕〔清〕焦循：〈孟子題詞疏〉，《孟子正義》（北京：中華書局，1987年），頁7
　　　　～8。

二家。〔註13〕其中，戴君仁先生在〈經疏的衍成〉一文中，所提出的論述：

> 我覺得儒家的經疏和佛家的經疏，雖有其共同之點，但儒家的經疏，自有它本來的歷史，由漢歷晉，以至南北朝，逐漸衍變而成，不是單純由佛書產生出來的，可以說是二源的，也可以說是中印文化合產的。

> 我們可以說，南北朝的義疏，是由漢代章句衍變而來，其體非仿佛典疏鈔。但我們可以承認儒經義疏撰寫的形式，有受到佛書影響的。〔註14〕

戴先生所根據的是歷史脈絡的發展，依循魏晉南北朝以來，佛教大盛，以至於在經書的詮釋方法，產生相互的影響。這是不可否認的。但是，若專注在經學發展的領域中，也可以發現儒家經學詮釋中，其詮釋方法、體例出現變化。此外，張寶三先生〈儒家經典詮釋傳統中注與疏之關係〉一文，則是更進一步深入戴先生之看法，以《論語義疏》、《孝經述義》、《講周易疏論家義記》之內容，與《五經正義》等書，以考察南朝、隋代、唐代三者經書注、疏之關係。然所得結論，張先生認為南朝至隋代之經書義疏，乃依一家之注，經、注並釋，且加以申述、補充以及訂正注文之不當之處，尚無「疏不破注」之現象。至唐代，官修《五經正義》，以作為科考之依據，乃刪除疏文中違注之詞。是故，方有今人所稱「疏不破注」。〔註15〕然而，通過張先生一文，今人方可廓清對「疏體」發展與流變的認知。

## （二）「新」、「舊」疏之分

根據林慶彰師之考察，經學的歷史可分為漢唐之學、宋學與清代漢學三大階段，漢唐之學發展至《十三經注疏》。然而宋學，另開一番新局面，至明代修纂《五經大全》、《四書大全》，乃宋學經說之集大成。〔註16〕然則，林師認為，中國歷代經學研究成果之體例，可分為「經傳」與漢、魏人之「注」，

---

〔註13〕請參見戴君仁：〈經疏的衍成〉《孔孟學報》，第 19 期（1970 年 4 月）。牟潤孫：〈論儒釋兩家之講經與義疏〉《注史齋叢稿（增訂本）》（北京：中華書局，2009 年）。

〔註14〕戴君仁：〈經疏的衍成〉《孔孟學報》，第 19 期（1970 年 4 月），頁 77～87。

〔註15〕張寶三：〈儒家經典詮釋傳統中注與疏之關係〉《「孔學與二十一世紀」國際學術研討會論文集》（臺北：國立政治大學，2001 年），頁 315～338。

〔註16〕林慶彰：〈五經大全之修纂及其相關問題探究〉《明代經學研究論集》（臺北：文史哲出版社，1994 年），頁 33～59。

以及六朝、唐、宋人的「疏」，這樣區分爲三個層次。是故，宋人作「注」，其「疏」成於元、明二代。其具體的成果，則是以明代《五經大全》、《四書大全》之編纂爲代表，這是宋學傳統的「注」、「疏」。依此而言，所謂「新」、「舊」疏，可知並非專指某一特定朝代的經學研究體例，而是將當時所撰寫之疏解，與前代成果相比，故方有「新」、「舊」疏之別稱。因此，清人所發展之「新疏」，既不同於明人之《大全》，也與漢、唐義疏有別，即清代獨自具有的解經。〔註17〕除此之外，劉文淇所著《左傳舊疏考正》之「舊疏」，其所指之時間點爲六朝時期，所產生之經學研究成果。

### （三）「正」、「證」之別

本論文爲研究劉文淇之《左傳舊疏考正》。在筆者梳理研究成果時，發現到各書著錄之書名有所不同。有著錄爲「正」、「證」二者。黃承吉（1771～1842）於《左傳舊疏考正》之〈序〉文寫作「正」。劉文淇之子劉毓崧（1818～1867）於《通義堂文集》之〈先考行略〉，亦記作「正」。而於劉文淇《青溪舊屋文集》之〈與劉楚楨書〉，則作「證」，則可能是刊刻時的筆誤。

林慶彰師曾在本所教授「經學史文獻學」時，於清代揚州學派之部分，提及儀徵劉氏對於經學之研究成果。林師特別提醒在場同學，劉文淇之《左傳舊疏考正》，應寫作「正」，方才合理。因作「正」，有訂正之義，符合劉文淇在〈序〉文中所撰寫的著書目的。然而，若作爲「證」，則意指爲羅列證據明，以證明之，便不符著書目的。故，應予以澄清與說明。

## 第三節　研究文獻回顧

筆者將歷來研究文獻之累積作出梳理，並且根據文獻來源出處，分作以下項目。有：單篇論文、學位論文。以下逐項分述之。

### （一）單篇論文

早在 1962 年，張舜徽先生在《清儒學記・揚州學記》一文，〔註18〕介紹揚州學者劉文淇之經學成果時，特別注重其整理《春秋左氏傳》之部分。雖

---

〔註17〕 此段敘述，請參見張素卿：《清代「漢學」與《左傳》學——從「古義」到「新疏」的脈絡》（臺北：里仁書局，2007 年），頁 22～23，註解第 2。
〔註18〕 張舜徽：〈揚州學記〉，《清儒學記》（武漢：華中師範大學出版社，2005 年），頁 307～312。

然該文篇幅不多，但張舜徽先生已經將後世研究劉文淇的主題重點提出。首先，張先生認爲，劉文淇之《左傳》學乃兩方面著手整理，一爲研究舊注，二爲研究舊疏。再者，指出劉文淇之學術淵源，必得上溯至徽州學者江永、戴震，並且進一步推論，揚州儒者，包含劉氏一門，皆出於徽學之餘緒，再進一步發展。此外，該文也對劉氏的校勘學提出分析，認爲劉氏校勘方法，乃是繼承於漢代鄭玄以來，不妄改字的優良傳統。

1991 年，趙航先生《揚州學派新論》，〔註19〕其中對劉文淇《左傳舊疏考正》也提出其看法。作者首先引用劉文淇《考正·序》，認爲《正義》功過相等。其功在於保存舊說。至於過，作者提出他所觀察到的三大問題。第一，《正義》剿襲舊說而掩其名。以劉炫《春秋述義》爲本，但卻又刪去「劉炫云」或多次文句上下文斷裂，語意相互矛盾之情形，屢見不鮮。第二，剿襲舊疏也並非孔穎達之意。作者認爲，劉文淇對《正義》內容文獻的梳理所得出的結果，也並非肇端於孔穎達一人。根據《正義·序》記載，孔穎達也表明是以劉炫《春秋述議》爲參考依據，故作者認爲，不該將孔穎達視爲「故意」襲其說，並且進一步推論出剿襲舊疏者，應是永徽諸臣之增損所爲。第三，孔穎達《正義》不僅是依顏師古說爲定本，而是兼采齊、隋以前舊疏。故作者認爲，如此便證明「孔疏」不全是出於唐人手筆。

1992 年沈玉成、劉寧先生《春秋左傳學史稿》，〔註20〕其中對《左傳舊疏考正》評價爲系統性研究孔穎達《左傳正義》的著作，並可與洪亮吉《春秋左傳詁》相匹配。文中說明《左傳舊疏考正》之考正全面，利用他部《正義》之相互比對，與其他文獻資料的相互配合，發現彼此異同之處，從中考正孔疏之所本。然而，劉文淇不僅將「六朝舊疏」、「劉炫《春秋述義》」與「孔疏」釐清，並且還針對孔穎達等人「略申短見」。作者認爲，劉文淇在考正過程中結論不免流於武斷，但仍肯定其有助於釐清六朝舊疏與孔疏之間的關係，並且打破孔疏至尊的學術價值。

1996 年田漢雲先生《中國近代經學史》，〔註21〕其中探討劉文淇的《左傳》研究。作者舉例清代《四庫全書總目提要》，對《春秋正義》之描述，「今世

---

〔註19〕趙航：《揚州學派新論》（南京：江蘇文藝出版社，1991 年），頁 104～109。

〔註20〕沈玉成、劉寧：《春秋左傳學史稿》（南京：江蘇古籍出版社，1992 年），頁 318～320。

〔註21〕田漢雲：《中國近代經學史》（西安：三秦出版社，1996 年），頁 146～153。

所傳，爲杜注、孔疏最古。杜注多強經就傳，孔疏亦多左杜而右劉，皆是篤信專門之過，不能不謂之一失」。此外，清代四庫館臣認爲，杜預注、孔穎達疏乃是有大功於《春秋》也。但劉文淇的想法卻與之背道而馳，認爲《正義》乃是經由舊疏刪改而來，再歷經永徽諸臣的一番增損。是故，作者認爲，劉文淇是清代首位系統性討論劉炫《述議》與孔穎達《正義》之關係，而肯定其學術價值。觀察劉炫疏與孔疏之關係，作者認爲無論是四庫館臣所言「左杜右劉」，或是劉文淇所言「阿杜難劉」。取二者之說而折衷，方接近《正義》編寫之面目。另外，作者認爲，劉文淇之所以釐清劉炫疏與孔疏之關係，並非是推崇劉炫之學，而是將《正義》之失誤指向以杜預《集解》注爲主要根據。

2000 年有北京大學中文系博士陳秀琳〈評劉文淇《左傳舊疏考正》〉一文，〔註 22〕首先分析劉文淇之《左傳舊疏考正》如何釐清舊疏的觀點作出梳理。將之分有三類：一爲從《正義》文面可以直接得到根據的情況；二爲據《正義》上下文，案其語意、文勢來推測之所自出；三爲情況涉及理論，即劉文淇歸納各種具體情況而得到理論認識。陳秀琳歸納出三種劉文淇分析舊疏的主要法則，並在文中舉例說明。陳秀琳肯定劉文淇《左傳舊疏考正》之學術意義，並且點出必須重點探討唐人引用劉炫《春秋述義》的情況。然而，該文也提出幾點值得再商榷之處，陳秀琳認爲劉文淇對於文獻流通與流傳的知識，尚未建構成熟。其中劉文淇將《隋書》所未著錄之書，認爲已亡佚，《正義》有引之內容，即爲南北朝之舊疏。陳秀琳以爲不免流於武斷之說，仍有待討論。

2002 年林慶彰師《清代經學研究論集》，其中收入〈劉文淇《左傳舊疏考正》研究〉一文，〔註 23〕將劉文淇如何判定舊疏文字的原則，作出詳細的梳理，並逐項舉例說明。該文除了說明《左傳舊疏考正》之著書動機與體例，再者，則是歸納劉文淇判定《正義》文字歸屬的原則，歸納情形有四：以「劉炫云」判定、規正杜注者非唐人語、駁漢人注非唐人語、駁劉炫者爲唐人語

〔註 22〕陳秀琳：〈評劉文淇《左傳舊疏考正》〉，《中國文哲研究通訊》第 10 卷第 1 期（2000 年 3 月），頁 161～170。

〔註 23〕林慶彰：〈劉文淇《左傳舊疏考正》研究〉，《清代經學研究論集》（臺北：中央研究院中國文哲研究所，2002 年），頁 463～488。該文同時收入於楊晉龍主編：《清代揚州學術》下冊（臺北：中央研究院中國文哲研究所，2005 年），頁 597～614。

等。雖然已經將文字判定的原則作出歸屬，但並非適用的通則。對於較難判定為舊疏，或唐人語的文字條例，劉文淇也有較詳細的考證。又林師將之歸納為以下三項：從《正義》引書判定疏文的歸屬、從上下文意判定疏文歸屬、從不同書的文字雷同判定疏文歸屬等。顯示劉文淇對文獻與《正義》的熟悉與研究深入。然而，林師一文則指出，揚州學派對《十三經注疏》研究的特性，展現其學術之專業特色，有別於吳派、皖派的重要特點。

2003 年南華大學文學研究所碩士謝明憲〈「杜注補正」與劉文淇《左傳舊疏考正》〉一文，〔註 24〕文中由清初以來學者們紛紛為「杜注補正」的學術現象為切入點，觀察劉文淇《左傳舊疏考正》之學術意義。言《左傳舊疏考正》不同於顧炎武以降之經學家，對於《左傳》之學的關注面向有所不同，乃鎖定於考正《正義》中，唐人剿襲六朝舊疏之文。然而，謝明憲以為，《左傳舊疏考正》之意義，乃是於藉由「考正」的方式，重新檢討唐人《五經正義》之成書過程與編輯體例。此外，作者以為劉文淇在梳理舊疏的過程中，重點不在於有多少舊疏尚未被考正釐清，乃得以重現六朝經師疏解經傳注的場景。

2002 年 9 月 4，日本廣島大學文學部教授野間文史先生於臺北中央研究院中國文哲研究所發表講題為「《五經正義》之研究」演講。該演講內容，於 2005 年由金培懿先生翻譯為中文，刊登於《中國文哲研究通訊》。〔註 25〕該文主要描述野間先生治《五經正義》之歷程，其中包含治學方法，思考議題的研究脈絡、經學領域的研究成果開展，以及未來對《五經正義》之研究展望。又，野間先生於文中提及劉文淇之《左傳舊疏考正》。野間先生以為，劉文淇將《春秋正義》精密地解讀，通過劉文淇的考正，從而學到研讀《五經正義》的方法。再者，野間先生以為，劉文淇的考正成果，將六朝以來的經學，又釐析推論出「舊疏中更有新舊疏之斷層」。此外，野間先生考證《五經正義》中屢次提及的「定本」，非顏師古所校之本，而是《五經正義》之《五經》所遵之文本各有不同。既然《五經正義》所校之定本不同，故野間先生進一步，通過對《五經正義》之內容比較，以對「緯書」之評價為基準，發現到評價

---

〔註24〕謝明憲：〈「杜注補正」與劉文淇《左傳舊疏考正》〉，《東方人文學誌》第 2 卷第 1 期（2003 年 3 月），頁 133～149。

〔註25〕〔日〕野間文史著、金培懿翻譯：〈《五經正義》之研究〉，《中國文哲研究通訊》第 15 卷 2 期（2005 年 6 月），頁 1～20。

各有不一，即再次證明《五經正義》之所以會產生彼此互異、前後矛盾等情形。然則，也發現到《尚書正義》、《毛詩正義》、《春秋正義》三者對緯書評價較一致。故野間先生推論，三者與劉炫《五經述議》存在相當多處的共通要素。

此外，2006 年北京大學中文系博士郭院林〈劉文淇學行考〉一文，[註26] 有感於劉文淇家學研究尚未有完整之系統性研究，故先以劉文淇爲主要研究對象，針對其生平、學術與研究等部分，一一梳理。作者收集多項文獻資料，由文集、題跋、傳記資料與後世研究成果，將該文章整理爲四大主題討論，即：劉文淇之生平學行、學術淵源、治學宗旨、學術成就與治學特點。冀以將劉文淇之生平與學術勾勒出一形輪廓。尤其於文中第四部分，分析劉文淇之治學特點，討論其《左傳舊疏考正》，言其釐清劉炫《春秋述議》之體例，同時也討論唐人編輯《正義》之體例，以期重新恢復六朝義疏之面貌。

2007 年張素卿先生《清代「漢學」與《左傳》學——從「古義」到「新疏」的脈絡》，其中收入〈集大成的新疏：儀徵劉氏之《疏證》〉，[註27] 該文雖以討論劉氏家學之《春秋左傳舊注疏證》爲主軸，但因四世傳經之首部作品爲《左傳舊疏考正》，故列入討論。張師在〈劉氏之學緣起〉之下，點出阮元對於劉文淇治學之影響。阮元於嘉慶五年（1800）年在杭州設立「詁經精舍」，後有集結學子之文集，出版爲《詁經精舍文集》。又其中卷六收入多篇，關於唐代《正義》之經學議題討論文章。由此可見，阮元對於經學發展之注疏學的看法，進而成爲學子習作之課題。同時，阮元興學之餘，亦主持重刊《十三經注疏》，使得多數學者投入校勘工作，儼然喚起一股學風興起。故張師認爲，劉文淇正是在此學風之下成長薰陶，順應學術時勢，其經學見解也正逐漸成形，雙治注、疏之學。

## （二）學位論文

2000 年逢甲大學中文系陳志修之碩士論文，《儀徵劉氏《春秋左氏傳舊注疏證》研究》。[註27] 由於該論文旨在討論劉氏家學之《左傳》學，將重點擺

---

〔註26〕郭院林：〈劉文淇學行考〉，《雲夢學刊》第 27 卷第 2 期（2006 年 3 月），頁 22～27。

〔註27〕張素卿：〈集大成的新疏：儀徵劉氏之《疏證》〉，《清代「漢學」與《左傳》學——從「古義」到「新疏」的脈絡》（臺北：里仁書局，2007 年），頁 265～328。

〔註27〕陳志修：《儀徵劉氏《春秋左氏傳舊注疏證》研究》（臺中：逢甲大學中國文

放至《春秋左氏傳舊注疏證》，故討論《左傳舊疏考正》篇幅不多。其討論集中在論文第二章〈《舊注疏證》與《舊疏考正》〉，針對劉氏家族兩部重要《左傳》學著述進行討論。又，其中第一節為「《舊疏考正》與《正義》」，探討《舊疏考正》對於六朝舊疏與《正義》襲正舊疏的情形。該論文由兩方面切入討論，概略論之。首先，歸納為「形式上」，作者回顧當時《正義》成書情形，有幾點值得再商討之情形，發現成書時間短、又歷經三次增損以及顏師古考定定本等。再者，歸類為「內容上」，依據《左傳舊疏考正》考正《正義》之內容，約可分為兩大類，即依循各經《正義》比較、以其他文獻資料互證。

2003 年揚州大學中國古代文學專業劉建臻之博士論文《清代揚州學派經學研究》。〔註28〕該論文旨在針對清代揚州學術，特係為經學之主要學人、學術研究情形，作系統性的整理與分析，並分述重點學人之學術成就及評價。而對於儀徵劉氏家族的研究，主要集中於第四章〈揚州學派後期的經學成就〉，作者於此特別指出當時揚州學術的特色，即清代學者所著《十三經注疏》類專著，多成與此時。此外，作者於該章節討論「《長編》與《考證》撰寫的先後問題」。〔註29〕作者通過文獻查找與考察，認為劉文淇治《左傳》，先是有《考證》而後有《長編》。〔註30〕然而，作者對於劉文淇之討論，仍多集中於《舊注疏證》編纂特色之分析。對於《舊疏考正》之討論，反倒集中在其後劉文淇之子，劉毓崧章節中。劉毓崧繼承父志，冀為次第將舊疏釐清。作者整理劉毓崧辨識舊疏方法，主要有六。再者，作者分析《舊疏考正》之學術意義有三，肯定其學術貢獻。

2007 年北京大學中文系郭院林之博士論文《清代儀徵劉氏《左傳》家學研究》。〔註31〕該論文第四章〈劉氏家學的學術意義〉，其中第一節「劉氏《五

學系碩士論文，2000 年）。

〔註28〕劉建臻：《清代揚州學派經學研究》（揚州：揚州大學中國古代文學專業博士論文，2003 年）。

〔註29〕劉建臻在論文頁 113 之附注說明，乃依據劉文淇《青溪舊屋文集・與劉楚楨書》中作《左傳舊疏考證》，因此全篇論文皆作「證」。筆者據此，依循原文。

〔註30〕此論點與張素卿先生看法不同。張先生認為，劉文淇在道光十年（1830）之前，先以考正孔《疏》為主。再者，新疏之撰寫，則是以長編的形式，先以「草稿」的方式編纂。請參見張素卿：〈集大成的新疏：儀徵劉氏之《疏證》〉，《清代「漢學」與《左傳》學──從「古義」到「新疏」的脈絡》，頁 275～276。

〔註31〕郭院林：《清代儀徵劉氏《左傳》家學研究》（北京：中華書局，2008 年）。

經舊疏考正》的方法評斷」。作者由三方面討論之，一爲《考正》之緣起與價值、考正方法之歸納、《五經正義》評價與劉氏考證得失。作者將劉氏考證之主要方法歸納有九，並認爲劉氏之整理舊疏，其功在於闡明劉炫《述議》之體例，同時指出《正義》據舊疏編輯的手法，釐清《正義》文句中語意不清、相互矛盾等，種種不合乎行文之處。再者，作者藉由回顧清代學人對《正義》之評價，突顯清代學人對《正義》獨尊杜預《注》之不滿，以致於導致六朝舊疏逐步亡佚等情形。在此學風之下成長學習的劉文淇，應運此種學風，而有《舊疏考正》之作。作者是肯定劉氏家族之學術貢獻，但同時也提出幾項批評。作者認爲，劉文淇在文字方法的歸納上，仍屬武斷。尤其是涉及目錄、版本等文獻學知識，還需再三斟酌。

2009 年臺灣大學中文系曾聖益之博士論文《儀徵劉氏春秋左傳學研究》。〔註32〕該論文第三章〈劉文淇《左傳舊疏考正》析論〉，該章節分爲五部分申論之。首先梳理清代學者對《五經正義》承襲舊疏的討論，文中提出顧炎武、錢大昕與王鳴盛等人之說法，並對照《四庫全書總目提要》之內容，更突顯劉文淇乃爲系統性解讀《春秋正義》第一人的地位。再者，作者歸納劉炫著述與《左傳正義》之關係，並且考察劉文淇之說。作者通過目錄學與輯佚學的考察，發現劉炫既有《春秋攻昧》、《春秋規過》等書攻擊前人述之誤，則《春秋述議》應是著重在整理與申說舊說，認爲應分別視之，不該混爲一談。此外，作者除了討論孔穎達編輯《五經正義》之體例，更將《左傳舊疏考正》八卷一百九十五條目，參考前人研究，並且歸納爲九原則，說明劉文淇分辨《春秋正義》舊疏之方法。另外，作者在歸納之餘，同時也回頭檢視劉文淇推論的正確性，提出自身考察之論點。作者也整理劉文淇論清代邵瑛、王謨二家之輯佚劉炫之成果，以及劉文淇論邵瑛《左傳規杜持平》評議劉炫、孔穎達之說法。

然綜合以上研究成果，可發現到，後世學者將研究焦點，較集中擺放至「劉氏家學」之區塊，多爲劉文淇、劉毓崧與劉壽曾等祖孫三代所共同編纂《左傳舊注疏證》，又亦或是劉氏家學第四代劉師培之學術成就。對於另一劉文淇較早完成的《左傳》學著作，《左傳舊疏考正》則較少言及。今筆者試以劉文淇之生平爲研究的切入點，由其生平事蹟、師承、交遊與著述等面向，

---

〔註32〕曾聖益：《儀徵劉氏春秋左傳學研究》（臺北：臺灣大學中國文學研究所博士論文，2008 年）。

討論劉文淇所身處的學術氛圍，如何對他的治學理念產生影響。再者，探討
《左傳舊疏考正》之寫作動機、撰述過程與體例，試圖呈現清代乾嘉時期，
揚州學派之學者對《十三經注疏》的研究情形。此外，筆者試彙整後世學者
對《左傳舊疏考正》對於釐析《正義》疏文之方法歸納，並予以補充。最後，
再由文獻學之知識，進一步探討劉文淇《考正》中「引書」、「定本」、「輯佚」
等論述之正確與否。

# 第二章 劉文淇之生平與著述

　　劉文淇出身家貧，但自幼聰敏，父母對這位獨子有高度的期待，希冀望子成龍。劉文淇之母凌孺人，爲經學家凌曙（1775～1829）之胞姊。劉文淇自孩提時期起，便跟著舅父讀書。爾後，劉文淇進入揚州梅花書院就讀。又因舅父凌曙的引介，熟識當時著名的書法家包世臣（1775～1855）。包世臣進一步勸令劉文淇讀《毛詩》以治《詩》。是故，開啓了劉文淇一生從事經學研究的契機。

　　本章分爲四小節。第一節綜述劉文淇生平事蹟；第二節探討劉文淇學問之師承；第三節討論劉文淇之交遊；第四節整理劉文淇之著述。

## 第一節　生平

　　本節將劉文淇之生平事蹟分爲三部分討論。第一部分，討論劉文淇青年時期，也就是三十歲之前。第二部分，探討劉文淇壯年時期三十一歲至五十歲。第三部分，則是聚焦在晚年時期，五十一歲至六十六歲。

### （一）青年時期（30 歲之前）

　　「青溪舊屋」儀徵劉氏，劉氏學術的開創者，劉文淇及其生活背景。〔註1〕劉文淇，字孟瞻，生於乾隆五十四年（1789）。比較起揚州學派前期人物，汪中、焦循、王念孫父子與阮元等人，他只能算是晚輩。

---

〔註 1〕請參見〔清〕汪士鐸：《青溪舊屋文集‧序》，「命名文集與題署門楣，取義南齊劉子圭家青溪，聚徒授書，不期榮進」。又近人萬星明：〈「揚州書信」所見「青溪舊屋」劉氏著作刊行考略〉《史學月刊》2010 年第 4 期，頁 104，「青溪署其門。據《南齊書》載，劉子圭家金陵檀橋，劉文淇欽羨，因名」。

　　劉家先祖住在溧水，高祖劉春何時始遷居揚州，祖父劉曦占籍儀徵，〔註
2〕遂爲儀徵人。〔註3〕父親劉錫瑜（1789～1840），字懷瑾，別號琢齋。是一
位名儒醫。因行醫於江都（今揚州），定居於揚州東圈門。劉錫瑜出身貧苦，
幼年失去父母，十二歲才進入私塾讀書。不到三年，便熟讀經文瞭解文義。
但因貧窮不能完成學業，遂從商。然而，習賈所得又不足以自立，於是私下
買了醫書，在夜間自我習誦，白天仍繼續營商。久而久之，人們知他懂醫術，
求治者日漸增多，應也能應手而癒，故日後便以行醫爲業。〔註4〕劉錫瑜在醫
學上，完全是自學而成，而且所學者精。他是一位忠厚長者。替病人診病時，
富者聽其付酬，貧者則概不收費。劉錫瑜高壽，辭世十九十二歲，劉文淇年
過五十，孫子劉毓崧二十餘歲，長曾孫壽曾已過三歲。〔註5〕

　　劉文淇的母親，凌孺人，乃經學家凌曙之胞姊。從小便嚴格教導劉文淇
的學問，督促他讀書，並且一在叮囑劉文淇，不要掛念家裡的事情，要專心
在學問上。對此，劉文淇一直相當感念母親。〔註6〕

　　劉文淇進入梅花書院就讀。當時，揚州有二大書院，分別爲梅花、安定
書院，是兩淮鹽商爲其弟子所就讀之書院。〔註7〕劉文淇進入梅花書院就讀，
受教於洪梧（1750～1817）。同時一起向洪梧問學的，尚有包世臣、凌曙、包
世榮與薛傳均等人。

　　由於凌曙的推薦與資助，嘉慶九年（1804），十六歲的劉文淇受業於洪梧

〔註2〕 石云生：〈明清時期占籍的嬗變〉《石河子大學學報（哲學社會科學版）》（2007
　　　　年第6期），頁43～45。文中即以劉氏家族爲例，說明清代占籍之意義。作者
　　　　將劉寶楠、丁晏與劉恭勉所作之劉文淇墓誌銘中，所記載之「占籍」，認爲是
　　　　「占籍、入籍 以後就成爲了當地的合法居民，可以得到相應的讀書、考試的
　　　　權力」，即把戶籍掛靠在儀徵，是爭取科名的一種方法。

〔註3〕 〔清〕劉壽曾：〈甘劍侯先生江上春歸圖序〉《劉壽曾集》，頁95；〈先考行狀〉，
　　　　頁105。或請參見顧廷龍主編：《清代硃卷集成》（臺北：成文出版社，1992
　　　　年），第75冊，頁47。

〔註4〕 〔清〕劉文淇：《劉文淇集‧先府君行略》，卷10，頁242。

〔註5〕 〔清〕包世臣：《藝舟雙楫‧劉國子家傳》卷8，收入《揚州學派年譜合刊》
　　　　（揚州：廣陵書社，2008年），頁684～685。

〔註6〕 〔清〕劉文淇：《劉文淇集‧先母凌孺人行略》，卷10，頁246。

〔註7〕 請參見〔日〕大谷敏夫：〈揚州、常州學術考〉《中國文哲研究通訊》（第10
　　　　卷第1期，2000年3月），文中指出「鹽商財力最雄厚的清中葉，亦即是揚州
　　　　學術的全盛期。梅花、安定等眾多書院的營運費，幾乎都是靠鹽商」。又，劉
　　　　玉才：〈乾嘉學術與書院的關係〉《乾嘉學術與書院的關係》，其中也討論到鹽
　　　　商、書院、學術三者的關係。

所執教的梅花書院,並透過舅父凌曙的引介之下,初識包世臣。〔註8〕過了一年,嘉慶十一年（1806）,十八歲的劉文淇開始設館授徒,成爲一名私塾教師。一邊教學,一邊治學不輟。次年,中秀才。就在這時,與同時中秀才,又同居揚州數年,年少時曾就讀於安定書院的劉寶楠（1791～1855）成爲知交。包世臣知劉文淇好《詩》,便勸令其治毛、鄭《詩》。〔註9〕劉文淇聽從包世臣的意見,從友人借得《毛詩正義》,將親手繕寫之。在這過程中,劉文淇對《毛詩正義》也有所起疑,便在心中發憤要徹底研究透徹。是故,此契機變成爲劉家之學的開啓。〔註10〕

嘉慶二十三年,劉文淇三十歲,是年認識一生的摯友,劉寶楠。〔註11〕嘉慶十四年（1809）,劉文淇與劉寶楠同時拔取爲優貢生,次年赴北京應考。〔註12〕劉文淇後爲候補訓導,屬三等。〔註13〕如此,爾後劉文淇鄉試未能中試,便一直候補下去。但能「優」而「貢」之,列入正途,也是一種榮耀。劉文淇當此便是如此情形。不過,當時時任學政的湯金釗（1772～1856）,對二劉可相當賞識。

## （二）壯年時期（31 歲至 50 歲）

根據《劉孟瞻年譜》記載,劉文淇於嘉慶二十四年（1819）,與好友丁晏（1794

---

〔註8〕 〔清〕包世臣:《藝舟雙楫·劉國子家傳》卷8（收入《揚州學派年譜合刊》,頁684～685）記載「孟瞻是年十二三,穎敏誠樸,善讀書,余尤愛之」。

〔註9〕 〔清〕包世臣:《藝舟雙楫·弟季懷學詩識小錄序》（上海:復旦大學出版社,2007年）,卷2,頁5212～5214。記載,「戊辰秋,乃攜季懷至揚州,世臣出游久,多識前輩,得讀書之要領。揚州士人常過從者,則以所聞授之,而江都凌曙小樓至誠篤。曉樓之甥儀徵劉文淇孟瞻尤穎慧,時歙洪桐生先生主講梅花書院,善世臣甚,世臣所許可者,輒召入院,膳給之。……孟瞻好《詩》,遂治毛鄭氏《詩》,季懷與孟瞻同業」。

〔註10〕〔清〕劉文淇:〈左傳舊疏考正自序〉《劉文淇集》,卷五,頁83。

〔註11〕〔清〕劉寶楠:〈暫園吟序〉《念樓集》（臺北:文海出版社,1974年）,卷六,頁267～268。記載:「戊寅,余徙郡城,與劉孟瞻交,時同訪包愼伯於小倦遊閣」。

〔註12〕 所謂「優貢」,爲清代科舉的五貢之一。每三年各省學政任期屆滿,例可在本省生員（秀才）中選文行兼優者,經過考試,保送國子監（太學）讀書。再以等第高下,授於官職,遂要赴朝部考試。然而,無錄用條例,多不實授,故選者多不入京。優貢考試列一、二等者,以知縣或教職用,三等者列爲訓導。因不實授,多爲「後補」性質。其身分在舉人之下,但屬正途出身,與買官的「捐班」不同。

〔註13〕訓導爲地方學校學官（府爲教授,州爲學正,縣爲教諭）的副職,分掌教授生徒之事,但係爲候補,並無實職。

～1875）共同拔取爲優貢生，劉文淇時年三十一歲，正準備投入科舉考試，以替父親爭一口氣。隔年嘉慶二十五年（1820）起，劉文淇便開啓一連將近二十年的科考生涯。然而，科考的放榜結果總是不如劉文淇之意。每每赴金陵應省試，但卻總換來名落孫山的結局。於道光十一年（1831），劉文淇再次前往金陵應省試，結果又是一次的名落孫山。劉文淇有感而發，寫下〈別號舍〉一詩，表明自己往後不再應試，發願將閉門著書。〔註 14〕不過，也許是前次總計十一次的落榜經驗，使得劉文淇有些沮喪，方才作詩以一抒己懷。但是，劉文淇內心還是抵擋不過想繼續科考的意念，屢次趕赴金陵應試。直至道光十九年（1839）劉文淇已年過半百，而父親也高齡九十，方拋諸中舉之意。〔註 15〕

劉文淇在投入科舉考試的過程中，也不忘從事經學研究，一方面讀書，同時也從事校書的活動，或與友人談論經學問題。道光元年（1820），劉文淇三十三歲，時常與友人宋翔鳳討論《易》。〔註 16〕

道光八年（1828），劉文淇四十歲。與寶應劉寶楠、江都梅蘊生、安吳包慎言、丹徒柳興恩、句容陳立，一同至金陵應省試，途中談到《十三經注疏》，眾人皆對舊注疏不能滿意，認爲有改作與整理的必要。經過商量一番，眾人各任一經，劉寶楠任《論語》，柳興恩任《穀梁》，陳立任《公羊》，劉文淇自任《左傳》。然而，其後便成爲他們學問的主攻方向。

在此期間，劉文淇也與身邊的師長、友人，共同討論《左傳》相關學問之事，與沈欽韓（1775～1832）在道光十年（1830）有書信往來，主要是以討論《左傳》杜注爲主。〔註 17〕再者，與黃承吉（1771～1842）在道光十五年（1835）亦有書信往來，是討論《左氏傳》字義四條。〔註 18〕

劉文淇在地方學術上小有名氣，許多人陸續請他校書，也留下多篇序跋。除此之外，劉文淇在校書之餘，也開始刊刻書籍。道光十四年（1834），劉文淇打算刊刻韋佩金（1752～1808）詩文詞集二十六卷。〔註 19〕道光十八年（1838），劉文淇與友人重刊《郝太僕褒忠錄》。同年，重刊好友薛傳均《說

---

〔註 14〕〔清〕劉文淇：〈別號舍〉《劉文淇集》，卷十一，頁 256。
〔註 15〕〔清〕劉文淇：〈戲作別號舍〉《劉文淇集》卷十一，頁 266。
〔註 16〕根據《揚州學派年譜合刊·劉孟瞻年譜》，頁 582～583 記載，宋翔鳳記於包季懷《周易疏證·序》後，寫到：「每卷脫稿，必與孟瞻較之，諸君討論之。書成而季懷序之，可謂極友朋之樂矣」。
〔註 17〕〔清〕沈欽韓：〈與劉孟瞻書〉《劉文淇》，頁 446。
〔註 18〕〔清〕黃承吉：〈與劉孟瞻書〉《孟陔堂文集》，頁 365。
〔註 19〕〔清〕劉文淇：〈經遺堂集序〉《劉文淇集》卷六，頁 127。

文答問疏證》。道光十八年（1838），劉文淇當年五十歲。自青年時期就一直在鑽研的學問，是年終於刊刻成書，爲《左傳舊疏考正》。〔註20〕

### （三）老年時期（51歲至66歲）

劉文淇晚年生活，多半在校書生活中度過。受請託爲撰寫《舊唐書校勘記》，於道光二十五年（1845）撰成六十六卷。道光二十九年（1849）撰成《輿地紀勝校勘記》。劉文淇以校書爲名，又曾任《重修儀徵縣志》之總纂，該書於咸豐二年（1852）竣工。又，受童濂之邀，延請劉文淇爲注《南北史》。

劉文淇晚年在揚州生活，飽受當時太平天國之亂的影響。太平天國軍隊攻入揚州，導致人人逃難。多位劉文淇好友，揚州本地學者也紛紛受難。〔註21〕劉家也受到了影響，舉家逃難。〔註22〕

## 第二節　師承

劉文淇學問之師承，後世學者看法各有不一。目前各家所認爲的對象有：凌曙、洪梧、沈欽韓與阮元。首先，凌曙爲劉文淇之舅父，在劉文淇孩提時期，便給予教育之。此外，凌曙亦是當時知名的經學家，以研究《公羊傳》爲名，也曾爲阮元校書，從事校勘記的撰寫。再者，洪梧是劉文淇進入揚州梅花書院就讀的老師，時任書院山長，爲當時揚州地區著名學者之一，賞識劉文淇之爲學，同時也引見多位知名學者給劉文淇認識。沈欽韓則是劉文淇在編纂《左傳舊疏考正》時，經常請教學問的前輩之一。根據後世學者研究，劉文淇另一《左傳》學著作《春秋左氏傳舊注疏證》，其中的《左傳》學，受沈欽韓之影響甚深。另外，對劉文淇而言，阮元爲清代乾嘉學術的大前輩，在阮元晚年時，結束中央任官職務，回籍揚州，而劉文淇與阮元也多有交往，尤其在劉文淇編纂地方志之體例與經學研究的討論方面。

### （一）凌曙

凌曙（1775～1829），字曉樓，江都人，爲劉文淇其父，劉錫瑜之妻弟。

---

〔註20〕〔清〕劉毓崧：〈先行考略〉《通義堂文集》，卷六，頁304。

〔註21〕根據《劉孟瞻年譜》，頁680～682記載，其言《續纂揚州府志》卷十一、十三；《揚州殉難錄》卷二，皆分別記載劉文淇好友，楊季子、王西御、羅茗香之死，是因太平天國之亂，粵匪入侵揚州，是絕粒死或被殺。

〔註22〕〔清〕劉壽曾：〈先姚汪太宜人行述〉《劉壽曾集》，頁111～115。其中寫到：「以授生徒或遊幕校書爲生計，後逢太平天國，政局動亂」。

同樣出身孤寒，因家貧，十歲方進入私塾讀書，歷時一年，無法維持，便回到香作鋪子裡當差。工作之餘，不忘習誦學塾裡讀過的書，但可惜不識通解。鄰人聘請教師在家教讀子弟，淩曙便乘夜晚在課室外聽講。幾月之後，被教師發現，大加喝斥。是故，淩曙發奮讀書。自此，逐年累積學問。二十歲設館教授童子。〔註23〕雖不精於八股考試之文，但傳授是真學問。淩曙要求嚴格，書必熟讀，字必正楷。漸為人所信從。收入稍多，聚書也越多。此後，淩曙一度赴京在阮元處擔任幕僚，兼教阮元諸子。阮元在擔任兩廣總督，亦延請淩曙課其子，並相與問學。〔註24〕

淩曙求學刻苦艱辛的精神，成為一位著名的經學家。有人將之與汪中相提並論。一生勤於著述，著作甚豐。淩曙受當時學者劉逢祿之影響，認為《春秋》之義在於《公羊》，而《公羊》之義傳自董仲舒。

有如此親長與教師指導，劉文淇的學業大進，且成教學相長，青出於藍。很快，劉文淇的學問已在江淮間小有名氣。後舅父淩曙《春秋公羊問答》，即邀外甥作序。

> 舅氏曉樓先生專治《公羊》，謹守家法。嘗以董子之書合乎聖人之旨。深悲其生見嫉於主父，沒被詆於劉。又其甚者，謂《繁露》之名，取象古冕玉杯之例，殆等《連珠》，後誣古人，貽誤來學。乃注《春秋繁露》十有七卷。昔毛公出守北海，康成為其郡人，故其箋《詩》，不忘崇敬。此則懷蛟徵夢，下馬名陵，式祠堂於舊治，想謦欬於遺書，斐然之思，不能自已者也。又以《公羊》舊疏，不著撰人，言例雖詳，考禮則略，遂乃殫精研思，遐稽博覽，著《公羊禮疏》十一卷，《禮說》一卷。作《公羊答問》二卷。苟慈明之問徐欽，王愆其之答庾翼，昔有其書，今存其目。舊疏自為答問，茲編蓋仿其例，凡以導揚古義，遵守舊聞。文淇賦質樗昧，莫測涯涘，猥忘謭陋，重荷垂讀。但乏孝緒之奇作，未許同游，試元干之藏書，或堪授讀云爾。〔註25〕

此對淩曙的學術思想、撰述宗旨，著作體例與傳承關係，作了簡明而準

---

〔註23〕尚未參加童試的童生。

〔註24〕支偉成：〈淩曙附方申〉《清代樸學大師列傳》（臺北：藝文印書館，1970年），皖派經學家列傳第六，頁209～212。

〔註25〕〔清〕劉文淇：《春秋公羊問答・序》（上海：上海古籍出版社，1995年），頁435～436。

確的概括。而凌曙的全部著作，已有《蜚雲閣凌氏叢書》，該書再版時阮元曾爲之作序。有五種著作刊入阮元主持編纂之《皇清經解》與王先謙《皇清經解續編》。

凌曙在劉文淇的學術建構上，起了一定的啓蒙作用。但劉文淇之學不限於凌曙，舅甥之間的研究旨趣也不盡相同。關於劉文淇的學術淵源，其長孫劉壽曾在〈漚宧夜集記〉言及：

> 國初東南經學，昆山顧氏開之。吳門惠氏、武進臧氏繼之。迨乾隆之初，老師略盡，儒術少衰。婺源江氏崛起窮鄉，修述大業，其學傳於修寧戴氏。戴氏弟子，以揚州爲盛。高郵王氏，傳其形聲故之學；興化任氏，傳其典章制度之學。儀徵阮文達公，友於王氏、任氏，得其師說。風生所樹，專門並興。揚州以經學鳴者，凡七、八家，是爲江氏之再傳。先大父早受經於江都凌氏，又從文達問故，與寶應劉先生寶楠切磨至深，淮東有「二劉」之目。並世治經者，又五、六家，是爲江氏之三傳。先徵君承先大父之學，師於劉先生。博綜四部，宏通淹雅，宗旨視文達爲尤近。其游先大付之門，而與先徵君爲執友者，又多輟學方聞之彥，是爲江氏之四傳。蓋乾嘉道咸之朝，揚州經學之盛，自蘇常外，東南郡邑，無能與比焉。〔註26〕

張舜徽先生在評論劉氏家學的淵源時，認爲「這一段敘論性的文字，把儀徵劉氏學術淵源，說得清楚。劉文淇受阮元的影響很大是事實，阮元受王念孫、焦循的影響很大也是事實。王念孫曾從戴震念過書，焦循是最欽佩的。幾位揚州學派中的重要學者，都受徽學的影響不小，劉氏自然不能例外。加以劉氏祖孫父子出生較晚，可以從各方面汲取前輩的治學方式與方法，替他們的深造自得，提供了有利條件」。〔註27〕劉氏學術上的大成，是有博學多聞、轉益多師等縱橫各方面的因素與關係。

### （二）洪梧

洪梧（1750～1817），字桐生，一字植恒。安徽歙縣人。乾隆四十五年（1780）舉人，召試中書，乾隆五十五年（1790）成進士，授爲翰林院庶吉士，散館後，授編修，官至沂州府知府，時人稱「同胞刺史」。洪梧博古通今，兼工詞翰。曾任揚州梅花書院山長，教授弟子宗仰漢學。與其兄洪朴、

---

〔註26〕〔清〕劉壽曾：〈漚宧夜集記〉《劉壽曾集》，卷一，頁 54。
〔註27〕張舜徽：《清代揚州學記》（揚州：廣陵書社，2004 年），頁 178

洪榜時有「同胞三中書」之譽，時稱「三鳳」。

　　洪梧與金榜為歙縣同鄉，洪朴、洪榜為其胞兄，治學之風同屬徽派樸學，講求從文字學入手，以訓詁考據法治經，並擴大到史籍、諸子，從一字一義孤立地說明轉向全面系統地探索。洪梧學識淵博，經學功力渾厚，曾參與編纂《全唐詩》。〔註28〕

　　洪梧初入梅花書院之時，因患足疾不便行走，後校《冊府元龜》，日以繼夜，竟而導致過度疲憊，雙目失明。洪梧任教梅花書院之時，大張漢學之旗幟，其族子洪瑩曾就讀其間，並於嘉慶十四年（1808）會試中狀元，使梅花書院聲名大振。梅花書院生員中有王念孫（1744～1832）、汪中（1745～1794）、劉臺拱（1751～1805）、孫星衍（1753～1818）等知名學者，他們皆是出自於梅花書院。〔註29〕而劉文淇等人，亦是洪梧所賞識的高足弟子。〔註30〕

## （三）沈欽韓

　　沈欽韓（1775～1831）字文起，號小宛，江蘇吳縣人。生於清乾隆四十

---

〔註28〕 支偉成：〈洪榜附弟梧〉《清代樸學大師列傳》，皖派經學家列傳第六，頁155～157。

〔註29〕 徐雁平：〈揚州的兩個幕府與兩個書院〉收入卞孝萱、徐雁平主編：《書院與文化傳承》（北京市：中華書局，2009），頁175～179。其中寫道：「洪梧至少在嘉慶七年（1802）主講梅花書院，直至嘉慶十九年（1814）。洪梧嘉慶二十二年（1842）卒。洪梧主講席，和此前山長一樣，多有文酒之會。譬如嘉慶十五年（1810）至嘉慶十七年（1812）與安定書院山長吳錫麒，以及汪瑞光、樂鈞、貴徵、沈欽韓、石韞玉、劉嗣綰等人的消寒會，分韻咏雪、上已修禊等集會及是」。

〔註30〕 〔清〕劉文淇：〈文學薛君墓誌銘〉《劉文淇集》，卷十，頁233。「先生藏書至富，獎掖後進無不至，側聞緒論，始自慚聞建弇陋，相勉為根柢之學，遂相約購書，積三載，各得書五七千卷，有無相假閱，是非相質難者且十年」，是故，洪梧藏書在平山堂法海寺北雲山閣，對於劉文淇有警醒自勵之意。再者，據〔清〕吳錫麒（1746～1818）詩集《有正味齋詩集》（上海：上海古籍出版社，2002年）所示，收入多首詩作中，可以建得揚州當地學者們，「以酒會文」的聚會方式。〈洪桐生梅花書院文昌閣落成約同登眺時東園梅花盛開〉、〈三月二日洪桐生招集梅花嶺預修禊事二首〉、〈洪桐生太守約同梅花嶺春酌同用放翁園中賞梅韻〉、〈十四日招同李小樺亦尹鈞簡廖復堂都施琴泉學士朸貴仲符觀察洪桐生汪礀云兩太守顧潤簹上舍廣圻家山尊學士集桃花庵作展重陽集以白露暖空素月流天分韻余得白字〉等詩。〈癸亥七月六日招孫伯淵觀察洪桐生太守吳山尊侍讀方茶山郎中小集寓而桐生以是日伯淵在座恐其遜座不安用昌黎藤杖韻作七古一篇見卻依來韻復之〉、〈十八日余招桐生慎伯保緒孟如齊岩小石曉樓復集湖上用昌黎游青龍寺贈崔大補闕韻各賦一篇〉等詩，可見洪梧、吳撫、伊秉綬、周濟、凌曙等多人參與。

年（1775），卒於道光十一年（1831），年五十七歲。嘉慶十二年（1807）舉人。授安徽甯國縣訓導。沈欽韓聰敏而爲學甚勤，暑夕苦讀，置二足於甕，讀書常至漏三下。自詩古文駢體外，尤又長於訓詁考證。著有《幼學堂文集》八卷，詩集十七卷，《兩漢書疏證》七十四卷，《水經注疏證》四十卷，《左傳補注》十二卷，《左傳地理補注》十二卷；又爲《韓昌黎集補注》、《王荊公詩補注》、《文集注》、《蘇詩查注補正》、《范石湖集注》等，均《清史列傳》並傳於世。〔註31〕

　　沈欽韓對經學的看法，可從文集中略窺一二。他認爲，經學的衰亡，應該歸咎於《五經正義》。〔註32〕然而，沈欽韓更進一步指出，《五經正義》中說法較正確者，皆是南北朝之經學所傳承而下。〔註33〕劉文淇透過舅父凌曙、師長洪梧，而熟識沈欽韓。他也以書信向沈欽韓就教《左傳》相關學問，沈欽韓對《左傳》之研究，也在劉氏的巨作《春秋左傳舊注疏證》中多次引用。〔註34〕從他們的書信往來之內容，可以發現他們二人均對杜預《左傳注》有許多看法。沈欽韓曾直接表示對杜預的不滿，他多次談到，「杜預乃借彼詭辭，妄成義例，習見魏晉間之事，宜其別有肺腸，亂臣賊子口所囁嚅而不敢道」〔註35〕、「杜預解經，苟非市儈鬼黠之談，則亂世塵染之心，遺誤後學多矣」。〔註36〕而劉文淇也深受影響，對於杜預注相當不滿，「杜氏以經訓飾其奸邪，惠定宇微發其端，不爲無見。然以杜氏之妄，並誣及左氏，則大繆矣」。特別談到《左傳》之義「爲杜征南剝蝕已久」、「至《春秋釋例》一書，爲杜氏臆說，更無論矣」。〔註37〕

## （四）阮元

　　阮元（1764～1849）字伯元，號芸臺，又號雷塘庵主，晚號怡性老人，

---

〔註31〕 支偉成：〈沈欽韓〉《清代樸學大師列傳》，考史學家列傳第十五，頁418～420。

〔註32〕 〔清〕沈欽韓：〈與周保緒書〉《幼學堂文稿》（上海：上海古籍出版社，2010年），卷七，頁390。其中寫到：「故經學之亡，亡於唐初撰五經正義」。

〔註33〕 〔清〕沈欽韓：〈達董琴南書〉《幼學堂文稿》，卷七，頁391。其中寫到：「五經正義者稍有倫理者皆南北諸儒之舊觀」。

〔註34〕 〔清〕劉文淇：〈與沈小宛先生書〉《劉文淇集》卷三，頁46。「近今爲左氏之學，未有逾先生者」而且向沈氏請教，對其意見多採納「疏中所載尊注十取其六」。

〔註35〕 〔清〕沈欽韓：〈駁杜預與會未定論〉《幼學堂文稿》，卷二，頁288～289。

〔註36〕 〔清〕劉文淇：〈與沈小宛先生書〉《劉文淇集》，卷三，頁46。

〔註37〕 同上註。

江蘇儀徵人。乾隆五十四年（1789）成進士，入翰林院任庶吉士，乾隆五十五年（1790）授翰林院編修。一年後升任少詹事，入值南書房，乾隆五十八年（1793）年至乾隆六十年（1795），提督山東學政，寫有《小滄浪筆談》等；在畢沅主持下，撰成《山左金石志》二十四卷。後歷任浙江學政，仁宗嘉慶三年（1798）返京，任戶部左侍郎，會試同考官，未幾又赴浙江任巡撫，撫浙約十年。嘉慶六年（1801）在杭州建立「詁經精舍」，聘王昶授詞章，孫星衍授經義。以嘉慶十年（1805）喪父，服除，任職兵部，又先後出為湖南、浙江巡撫。此後，又曾先後任江西巡撫、兩廣總督。在粵期間，建議禁鴉片，對英商採用較嚴厲的政策。嘉慶二十五年（1820）在粵創立「學海堂書院」。道光六年（1826），遷雲貴總督，旋又晉升體仁閣大學士，在道光十八年（1838）致仕，返揚州定居，先後加太子太保、太傅。道光二十九年（1849）去世，諡「文達」。〔註 38〕

　　阮元對劉文淇的影響特別不同，淩曙為是治學啟蒙，洪梧為治學導師，沈欽韓亦師亦友。阮元並沒有直接與劉文淇有師徒關係，但阮元身為揚州學派的大前輩，對劉文淇來說，本身便是一個治學的模範。擁有這個學術典範作為指引，將揚州學派之治學精神，向下繼續延伸。〔註 39〕

　　阮元之治學精神，亦是實事求是，體現清代漢學的特色。〔註 40〕阮元晚年回籍揚州，與劉文淇有了較緊密的接觸，聘請劉文淇進入其幕府，從事校書、刊刻書籍之工作。劉文淇重修《儀徵縣志》，義例源於阮元。藏書給予劉文淇校書幫忙。郭院林認為，劉文淇治學初期恰逢阮元回籍揚州，多有交往，以及兩部左傳專著多吸收阮元校勘記成果。〔註 41〕

　　然則，劉文淇之學術師承該如何陳述？張舜徽先生有此看法，他認為劉氏家學之淵源，必上溯至徽學學者。〔註 42〕張舜徽先生也認為，加以劉氏祖孫父子三代出身時代較晚，可以從各方面吸收前輩的治學方式與方法。劉師

〔註 38〕支偉成：〈阮元附次子福、汪廷珍〉《清代樸學大師列傳》提倡樸學諸顯達列傳第二十五，頁 631～636。

〔註 39〕〔清〕劉壽曾：〈漚宧夜集記〉《劉壽曾集》，卷一，頁 54。「學術之興也，有倡導之者，必有左右翼贊之者，乃能師師相傳」。

〔註 40〕〔清〕阮元：《揅經室集・序》（上海：上海古籍出版社，2002 年），頁 1。「余之說經，推明古訓，實事求是而已，非敢立異也」。

〔註 41〕郭院林：《清代儀徵劉氏左傳家學研究》（北京：中華書局，2008 年），頁 41。

〔註 42〕張舜徽：〈揚州學記〉《清儒學記》（濟南：齊魯書社，1991 年），頁 460。「不過劉氏子孫談到自家學術淵源時，必上溯到徽州學者」。

培自評其家學，則認爲不必過分討論。〔註43〕今人張素卿先生也抱持相近的態度，張先生認爲劉氏家學，特別是劉文淇之學術淵源，無法歸類於各人一家，因劉文淇已吸收了乾嘉學術中的精華部分，以滋養其學術基礎，再自我咀嚼創發。〔註44〕再者，劉壽曾也曾說到，學術之興盛，便是因代代之相傳。如同他所言，後人看待劉氏家學術之淵源時，著眼之處應更爲宏觀，將之視爲揚州學派的另一分支。

## 第三節 交遊

　　根據曾聖益所考察，劉文淇除了幾度離開揚州準備科考之外，幾乎足不出揚州。〔註45〕故知，劉文淇所結交之友，多半爲揚州當地的學者。雖不著名，亦不顯於世，但他們是彼此最好的朋友，也是作學問最好的夥伴。依據劉文淇所著《青溪舊屋文集》中，可發現他與不少學者之互動。劉文淇於道光三十年（1850）所作〈懷人六絕句效少陵存歿口號〉，其中寫到，「余素少交游，自姻戚以外，生平相知至厚者，不過十數人。就中子韻交最久，季懷、子敬、子駿、孟開次之，楚楨、儉卿、蘊生、仲虞、賓叔、彥之又次之，最後乃得石州。今存歿各半，及其存者，亦散處四方。惟賓叔館於揚郡，尚得偶相過從」。〔註46〕當時劉文淇已高齡六十二，算是晚年對自己交遊作出的回顧。

### （一）劉寶楠

　　劉寶楠（1791～1855），字楚楨，號念樓，寶應人。其父劉履恂爲著名學者劉臺拱的堂兄，有經學著作《秋搓札記》一卷，收入《皇清經解》。劉寶楠五歲喪父，由母親扶養成長。受教於兄長劉寶樹與堂叔劉臺拱，刻苦攻讀，

---

〔註43〕〔清〕劉師培：〈揚州前哲畫像記〉《左盦外集》卷二十，收入《劉申叔遺書》（南京：江蘇古籍出版社，1997年），頁1895。「力持學術之平，不主門戶之見」、「相互觀摩，相互討論，故與株守之學不同」。

〔註44〕張素卿：《清代「漢學」與《左傳》學——從「古義」到「新疏」的脈絡》，頁274～275。「然而，若片面關注於某一家，誇大其影響，則有以偏概全之虞，且未免輕忽了劉氏之自主創發」、「玩味「竊不自量，思爲《左氏疏證》諸語，明顯出於自發」、「劉氏自嘉慶末年開始，序文已初步確立經學見解」。

〔註45〕曾聖益：《劉文淇集·前言》，頁4。

〔註46〕〔清〕劉文淇：〈懷人六絕句效少陵存歿口號〉《劉文淇集》卷十一，頁263。

爾後成爲劉臺拱的得意門生。〔註 47〕劉寶楠與劉文淇學行兼優，人稱「揚州二劉」。嘉慶十三年（1808），他們同訪包世臣於揚州的小倦遊閣，〔註 48〕向其請教治學之道。〔註 49〕

　　劉文淇與劉寶楠的關係相當密切。劉寶楠所著之文集《念樓集》中，收入了許多關於「揚州二劉」互動之詩歌，顯示他們友好的情誼。劉寶楠亦談到兩人交誼。

> 左氏傳麟經，其義最宏博，征南著述成，賈服注俱削，遂使大義乖，
> 是誰微言訐，君爲輯舊注，疏證皆精鑿。
>
> 凤昔同歲生，與君交尤密。僦屋爲君鄰，齒莽定家室。過從日五三，
> 意氣傾膠漆。相賞有眞銓，可否不輕必。閉門望千古，殫心事纂述。

〔註 50〕

道光十二年（1832），劉寶楠即將離開儀徵，前往保定擔任幕府之幕賓，更計畫參加道光甲午十四年（1834）年在京城所舉辦的殿試。劉文淇作詩餞行之餘，在詩前寫下一段文字，期許劉寶楠有日能「居得言之位」，成爲眞正替鄉里做事的官員。〔註 51〕同年，劉文淇爲劉寶楠《劉楚楨江淮泛宅圖》作序，其中也描述了眾多志同道合的好友，平日切磋學問的情形。〔註 52〕

　　道光十六年（1836），劉寶楠將赴禮部試，劉文淇與其他友人餞諸湖上，賦詩送行，可見他們感情之深厚。〔註 53〕此後，劉寶楠中會試第八十六名，

---

〔註 47〕 請參見支偉成：〈寶應劉氏三世傳〉《清代樸學大師列傳》，頁 203～206。

〔註 48〕 所謂「小倦遊閣」，乃是一個泛稱。據包世臣《小倦遊閣記》：「襄陽（指米芾）在維揚倦游閣成此書（指刊定閣帖），余故自署其居曰小倦遊閣，十餘年來，居屢遷，仍襲其稱」。即是包世臣慕米襄陽倦遊閣之名，將自己的居處取名爲小倦遊閣，無論遷居到何處，名稱皆不變，並非專指一地。此時的小倦遊閣爲揚州觀巷天順園之後樓。

〔註 49〕 〔清〕劉寶楠：〈暫園吟序〉《念樓集》（臺北：文海出版社，1974 年）卷六，頁 267～268。「戊寅，余徙郡城，與劉孟瞻交，時同訪包愼伯於小倦遊閣」。

〔註 50〕 〔清〕劉寶楠：《念樓集》。在劉寶楠的文集《念樓集》中，收入了卷三、四之〈寄懷劉孟瞻兼訊梅蘊生〉、〈將之當塗留別劉孟瞻〉等詩。

〔註 51〕 〔清〕劉文淇：〈送楚楨游保定〉《劉文淇集》卷十一，頁 259。「於其行也，詩以餞之，質俚無文，惟期楚楨異日居得言之位，抒建白之志爾」。

〔註 52〕 〔清〕劉文淇：〈劉楚楨江淮泛宅圖序〉《劉文淇集》卷四，頁 68。「余弱冠後，與里中薛子韻、涇縣包季懷、包孟開、旌德姚仲虞、丹徒柳賓叔泛覽經史，楚楨因余得與諸君交，鄉語切磋，爲友朋之極樂」。

〔註 53〕 〔清〕劉文淇：〈楚楨將赴禮部試，同人餞諸湖上，賦詩送行〉《劉文淇集》卷十一，頁 263。「湖干設祖道，計偕赴春明。臨別更舉觴，贈言朋友情。強

賜進士出身。便開始任官生涯，出遷揚州。道光三十年（1850），劉寶楠致信於劉文淇，欲索取近作，故劉文淇效仿少陵〈存歿口號〉，作六絕句寄之。內容主要在緬懷居住在揚州時，一同問學的朋友們。〔註54〕劉寶楠也有回應，爲回顧這群朋友的交情，以及有所感。〔註55〕

## （二）薛傳均

薛傳均，字子韻，甘泉人。諸生。博覽群籍，強記精識。就福建學政陳用光（1768～1835）聘，用光見所著書，恨相見晚。旋以疾卒於汀州試院，年四十二。

薛傳均善寫駢文，後肄業於梅花書院，聞山長洪梧講論，自慚聞見淺陋，乃與劉文淇、包世榮等五人者相結，相互爲切磋學問。薛傳均對於《十三經注疏》與《資治通鑑》尤其鑽研甚深。薛傳均發明毛、鄭、賈、服之說法。此外，薛傳均是爲博引經史，成《說文答問疏證》六卷。又嘗以《文選》中多古字，疏通證明之，成《文選古字通疏義》十二卷，草創尙未完成，便因病辭世。劉文淇等諸爲好友爲纂輯繕副，並集錄其十三經本丹黃手勘之語，尙二十餘卷。

薛傳均、劉文淇，皆爲梅花書院傑出的生徒，亦爲好友，平日除了相互切磋討論學問外，也一同校書刻書。道光七年（1802）包世臣與薛傳均、劉文淇、柳興宗、包愼言同校包世榮《詩禮徵文》。〔註56〕然而，薛傳均英

---

仕非晚達，待時期先鳴。立身有本末，守道關重輕。勿爲叔孫傳，希世博盧名。誤爲公孫相，曲學邀殊榮。願君守素志，坐言起必行。通儒建樹遠，一雪處士聲」。

〔註54〕〔清〕劉文淇：〈懷人六絕句效少陵存歿口號〉《劉文淇集》卷十一，頁270。「搜羅《寶應圖經》富，續補《延昌地志》詳，元氏甘棠誰薦達，石州宿草劇淒涼。丁鴻豪健才猷懋，姚信凋零僕學深，多口未妨稱國士，苦心何處覓知音。柳氏文章師子厚，梅君詩筆勝都官，一經行世迂迴待，片石貽孤鄭重看。五色明珠輝覽社，九苞威鳳耀河東，珠光久照人將老，鳳彩先消遇最窮。廣文有道官偏冷，公子多才命不猶，首蓿闌干情自適，芙蓉搖落稿誰收。大包君與小包君，講藝談經迥不群，鍾阜孤墳悲夜月，金臺旅館悵寒雲。」

〔註55〕〔清〕劉寶楠：〈歲抄得孟瞻懷人詩賦答〉《念樓外集》（臺北：文海出版社，1974年）卷一，頁502。「吾郡文又儒，首推吾宗秀。堅貞竹伯懷，香潔芝蘭臭。與俗寡所諧，歲晏今朋舊。吟詩首及余，懇懇意良厚。封緘遠見貽，令我日三復。時余方役行，房添久逗留。常恐集怨尤，遑復計去就。登高望故鄉，陰雲彌四宙。日暮百禽稀，天寒萬山瘦。臨風訴遠心，離情滿襟袖」。

〔註56〕〔清〕包世臣：〈詩禮徵文序〉《藝舟雙楫》，卷一，頁5214～5215。「先生與薛子韻、柳賓叔、包孟開同校包季懷《詩禮徵文》」。

年早逝，其年輕時所鑽研學問的成果，皆來不及出版成書。同年，劉文淇便
完成薛傳均生前的願望，整理薛傳均生前之遺稿後，交付其家。〔註57〕道
光十一年（1831），劉文淇作〈文學薛君墓誌銘〉以紀念這位朋友。〔註58〕
再者，道光二十年（1840）劉文淇與楊季子等人，刻薛傳均所著《文選古字
通疏證》六卷。〔註59〕道光二十六年（1846），劉文淇爲薛傳均刻《閩游
草》一卷。〔註60〕始終無忘這位好友的才華。

### （三）包氏兄弟

　　劉文淇與透過舅父淩曙的關係，因而認識亦師亦友的包世臣。爾後，包
世榮、則爲梅花書院之同學。包愼言則爲劉文淇校書之搭檔。包世臣與包世
榮爲從兄弟，包愼言爲其姪子。

　　包世臣（1775～1855），字愼伯，安徽涇縣人，號稱安吳先生。是一位政
治才幹、注重實學的學者。包世臣當時對劉文淇而言是前輩，與淩曙、劉文
淇家早有來往，對劉文淇頗爲器重，在爲學之道上，包世臣對淩曙、劉文淇
也有影響。劉文淇與包世臣第一次見面是在嘉慶九年（1804），當時劉文淇年
僅十六歲。因劉文淇聰明伶俐，給包世臣留下深刻印象。〔註61〕往後有機會，
包世臣便將機會給劉文淇，便建議他可以從事的研究方向。〔註62〕是劉文淇

---

〔註57〕〔清〕包世臣：〈故清文學薛君之碑〉《藝舟雙楫》，卷四，頁5301～5304。「先
　　　　生檢遺篋，得《閩游草》一卷、《文選古字通疏證》十二卷等書，與劉楚楨、
　　　　孟開約纂集繕副，以付其家」。
〔註58〕〔清〕劉文淇：〈文學薛君墓誌銘〉《劉文淇集》卷十，頁233。「君既博覽群
　　　　籍，強記精識，於《十三經注疏》及《資治通鑑》功力尤深。凡反覆十數過，
　　　　《注疏》本手自校勘，發明鄭、毛、賈、服之說，其魏晉不守師法者，概置
　　　　焉」。
〔註59〕〔清〕劉毓崧：〈文選古字通疏證序〉《通義堂文集》卷十三，頁451～452。「校
　　　　讎者未能精密，往往參以臆見，碩士師深以爲憾。某時官江西，寄金至揚州，
　　　　屬友人寶應劉君楚楨、甘泉楊君季子、儀徵劉君孟瞻詳加審定，重梓行之」。
〔註60〕根據《劉孟瞻年譜》，頁662～663記載，〔清〕王翼鳳：〈薛子韻閩游草後序〉
　　　　《聲遠堂文鈔》卷二，其言「檢楮葉於緘縢，空藏手墨，距今十有七年。素
　　　　交劉孟瞻明經慨駒隙之易流，謂鴻泥之可惜，爰取劉楚楨大令舊所錄存詩若
　　　　干首，總爲一卷，重付影寫，鋟之梨板」。
〔註61〕〔清〕包世臣：〈劉國子家傳〉《藝舟雙楫》卷八。「孟瞻十年十二三，穎敏誠
　　　　樸，善讀書，余尤愛之」。
〔註62〕〔清〕包世臣：〈弟季懷學詩識小錄序〉《藝舟雙楫》，卷二十九，5212～5214。
　　　　「戊辰秋，乃攜季懷至揚州，世臣出游久，多識前輩，得讀書之要領。揚州
　　　　士人常過從者，則以所聞授之，而江都淩曙小樓至誠篤。曉樓之甥儀徵劉文
　　　　淇孟瞻尤穎慧，時歙洪桐生先生主講梅花書院，善世臣甚，世臣所許可者，

初入研究之路時重要的長輩。

包世榮（1783～1826），字季懷。安徽涇縣人。包世臣之從弟。少時家貧苦，隨其伯父讀書。包世榮與劉文淇亦是梅花書院的同學，自然會一同切磋學問。〔註63〕

包慎言，字孟開，安徽涇縣人，曾游學於揚州，與諸生相約各治一經，著有《經義考義》、《論語溫故錄》及《春秋公羊曆譜》十一卷。爲包世臣之姪子。道光七年（1827），包慎言與劉文淇等人一同校勘包世榮《詩禮徵文》。〔註64〕道光十六年（1836），包慎言經過揚州，準備赴試，劉文淇作詩餞別。〔註65〕

此外，道光十九年（1839）己亥，四十八歲的龔自珍（1792～1841），由於主張變法革新，抨擊時弊，受到頑固派官僚的打擊，辭去禮部主事一職，離京返鄉。於四月二十三日南下，六月初過揚州，六月十五日離揚，在揚州待了十天左右。在此期間，龔自珍會晤了阮元、秦恩復等前輩學人，又與眾多文友相聚暢遊。在《己亥雜詩》中，有多首記載了這次造訪揚州之行的作品。其一首云：「七里虹橋腐草腥，歌鍾詞賦兩飄零，不隨天市爲消長，文字光芒聚德星」。〔註66〕詩後有小注云：「時上元蘭君、太倉郡君爲揚州廣文，魏默深舍人、陳靜庵博士僑揚州，又晤秦玉笙、謝夢漁、劉楚楨、劉孟瞻四孝廉、楊季子都尉」。〔註67〕這大概是同游虹橋的詩。而上述所提及之人，也確實是當時揚州地方學術上重要人士。

## 第四節　著述

　　　　輒召入院，膳給之。……孟瞻好《詩》，遂治毛鄭氏《詩》，季懷與孟瞻同業」。
〔註63〕〔清〕包世臣：〈清故揀選知縣道光辛巳舉人包君行狀〉《藝舟雙楫》，卷八，頁5288～5292。「然善資友以自淑，甘泉薛傳子韻、儀徵劉文淇孟瞻、旌德姚配中仲虞、族子慎言孟開四人者，皆務實不近名、博洽有文采，君子知徒也」。
〔註64〕〔清〕包世臣：〈詩禮徵文序〉《藝舟雙楫》，卷八，5214～5215。「然孟瞻、孟開反覆其書，僉謂援引淹通，實足導來學之前路，故原季懷本意，名之曰《詩禮徵文》，先校而梓之」。
〔註65〕〔清〕劉文淇：〈包孟開過揚將復禮部試即席書扇贈別次蘊生韻〉《劉文淇集》卷十一，頁264。「不暇匆匆唱渭城，好將吉語送君行。春風十里青油幕，老眼看花分外明」。
〔註66〕德星。根據《史記‧天官書》之記載，「天晴而見景星，景星者，德星也。其狀無常，常出於有道之國」。
〔註67〕〔清〕龔自珍著、萬尊巇注：《龔自珍己亥雜詩注》（臺北：河洛圖書出版社，1979年），頁163～167。

劉文淇博學多聞，一生多將學問專注於《左傳》學的研究。讀經之餘，也致力於歷史。對於歷史地理的沿革，水道歷年的變遷，尤其鑽研。以此著名於江淮地區，鄉里士人多推崇之。然而，劉文淇一生最龐大、重要的著作，莫過於《春秋左氏傳舊注疏證》八十卷，現存於上海圖書館。《讀書隨筆》二十卷，至今不知存亡。《青溪舊屋詩集》至今也僅存一卷，與《青溪舊屋文集》合刊。劉文淇一生著書立說，同時也替人校書、作序跋，為數頗眾，但多半難判定正確的時間點，年月不明。又劉文淇於咸豐二年（1852）所受雇校注之《南北史》，則是因當時匆忙躲避太平天國之亂，使之燬於兵荒馬亂中，也無從得知體例。

劉文淇精於校勘，「尤精校讎之事，自出游及家居，所主多專司校書。刊訛訂謬，搜逸撮殘，視己所撰述，尤加矜慎」。劉文淇著述之中，另所校之書甚多。除此之外，也替好友校書、刻書，不求回報，只論學問之價值。今筆者整理文獻，將劉文淇之著述成果羅列如下：

### （一）《春秋左氏傳舊注疏證》不分卷

劉文淇首先取賈逵、服虔、鄭玄三家之注，再加以疏通證明。凡氏杜預所排擊者皆予以糾正，所剿襲者予以表明。劉文淇沿用韋氏《國語注》者，也一一疏記。又其他如《五經異義》所載左氏說法，皆以左丘明之師說為本，《說文解字》所引之《左傳》亦是古文家說。《漢書・五行志》所載劉子駿稱，實為左氏一家之學。再者，經書疏解、史書注解與御覽等書所引用之《左傳注》不載姓名，而與杜預之說法有異者，是為賈、服舊說。若此者被劉文淇視為舊注，應加以疏證之。其顧棟高（1679～1759）、惠棟（1697～1758）之補注，以及洪亮吉（1746～1809）、焦循（1763～1820）、沈欽韓等人，專釋左氏之書。另有戴震（1724～1777）、段玉裁（1735～1815）與高郵王氏父子諸人之說可並列採用。最後方才始下己意，裁其是非分明。其範圍上溯至先秦諸子，下至考察漢唐古書，其材料旁及筆記、文集等。

本書目前有稿本收藏於上海圖書館，另收入於《續修四庫全書》。〔註68〕此外，又經得時任館長顧廷龍先生的同意，委託中國科學院（今中國社會科學院）歷史一、二所資料室李樹桐先生整理而成，於一九五九年交付科學出版社出版。〔註69〕遺憾的是，然以《春秋左氏傳舊注疏證》由劉文淇起，祖

〔註68〕 〔清〕劉文淇、劉毓崧、劉壽曾撰：《春秋左氏傳舊注疏證》不分卷（上海：上海古籍出版社，1995年），經部春秋類，冊126～127。
〔註69〕 〔清〕劉文淇著：中國科學院歷史研究所第一、二所資料室整理：《春秋左氏

孫三世歷時百年，惜本稿僅寫到襄公五年。今人吳靜安先生將襄公五年以後悉數補足，終使《春秋左氏傳舊注疏證》得以大功告成，另名爲《春秋左氏傳舊注疏證續》。〔註70〕

### （二）《左傳舊疏考正》八卷

由其自序可得知，世稱唐代孔穎達作《五經正義》刪定南北朝舊疏。而又《五經正義》非出於一人、一時之手，成書後，曾歷經永徽諸臣之增損。如此，南北朝舊疏辨無跡可循。劉文淇在投入學術研究初期，已經注意到《五經正義》資料來源的問題，進而反覆閱讀以求究竟。乃知唐人所刪定者，僅駁隋代劉炫百餘條，餘皆光伯《述議》也。今日劉文淇閱讀《春秋正義》，以文章之脈絡分析，逐條分別出孰爲沈氏之文、孰爲劉氏之說、孰爲孔氏之增補、孰爲唐人所竄改，皆援以證明之，成二百餘條，是八卷。

本書刊於道光十八年（1838），目前傳世的版本有三種刻本、一種石印本，藏於北京中國國家圖書館、上海圖書館等地。刻本分別爲：清道光十八年（1838）儀徵劉氏青溪舊屋的家刊本、清光緒三年（1877）湖北崇文書局之刻本、清光緒十四年（1888）南菁書院刻本。石印本則爲清光緒十五年（1889）上海蜚英館所刊刻，爲一卷本，後收入王先謙所編纂《皇清經解續編》。

### （三）《揚州水道記》四卷

《揚州水道記》則是根據《左傳》、《吳越春秋》、《水經注》等古籍的記載，考證出唐宋以前的揚州地區地勢爲南高北下，東南兩岸未設堤防，與後來的運河形勢不同。此與揚州古今川流行甚有關係，提供了史料依據。此書的阮元序有較切實的評說：

> 儀徵劉孟瞻明經文淇撰《揚州水道記》，綜《吳越春秋》、《漢書‧地理志》以下諸書，正明唐宋以前揚州邗溝山揚瀆地勢南高北下。諒哉斯言，非可以今日運河水勢謬固於胸者也。而其尤爲確據者，則在李習之《南來錄》云「自淮陰至郡伯三百有五十里逆流」十四字也。今由淮安下揚州之水，勢如建瓴，愚者亦知北高南下矣。不知此水蓄高堰內，水治一丈八尺之高，堰底古淮身更不知低幾丈尺，始能如此建瓴耳。古淮平流入海，更低於邵伯堤東下何地面，且天

---

傳舊注疏證》（北京：科學出版社，1959年）。
〔註70〕吳靜安撰：《春秋左氏傳舊注疏證續》（長春：東北師範大學出版社，2005年）。

長、江都、甘泉諸山湖之水，又加入邵伯之水，挾江潮而趨邵伯、高、寶、射陰，安得不南高北下。所以《漢志》云：「江都渠水首受江，北受射陽湖」。云受江，非入江也，云北至射陽，可見唐時南高北下也。又其辨證永和、寶歷等年運道通塞，即瓜洲、瓜步水路變遷，博覽而又有識，故皆精核矣。凡地理書，須以圖明之，此記當分繪古今多圖，孟瞻其更爲之而付諸梓。〔註71〕

劉文淇綜合《左傳》、《吳越春秋》、《水經注》等古籍，將揚州舊時水道之走向作出清楚之考察。此舉對於揚州地區編纂府志時，方可使用劉文淇知考察結果，別有重要意義。

本書始撰寫於道光十七年（1837），於隔年道光十八年（1838）完成。目前傳世的版本分別爲：清道光二十五年（1845）江西撫署刻本、清同治十一年（1872）淮南書局補刻本。藏於北京中國國家圖書館、上海圖書館等地。另外，臺北中央研究院歷史語言所傅斯年圖書館，則藏有清同治十一年（1872）淮南書局補刊本綿紙本，計二冊，乃依據道光二十五年（1845）欲寡過齋校刊本補刊。另藏有一部分三冊，缺卷四。

### （四）《楚漢諸侯疆域志》三卷

《楚漢諸侯疆域志》根據《史記·秦楚之際月表》「項羽自立爲西楚霸王，都江都」的記述，考證秦漢之間諸侯所據疆域。輯成〈項羽王九郡考〉一卷、〈十八王分地考〉二卷，總名曰之《楚漢諸侯疆域志》。

本書始撰寫於道光二十年（1840），目前傳世的版本分別爲：清光緒二年（1876）金陵刻本、清光緒年間（1875～1908）刻本，收入於《蟄雲雷齋叢書》、清光緒年間（1875～1908）廣雅書局刻本。是藏於北京中國國家圖書館、上海圖書館、臺北國家圖書館等地。此外，臺北國家圖書館則藏有清光緒二年（1876）江寧汪氏金陵刊本。北京中國國家圖書館藏有清光緒十二年（1886）吳縣朱記榮槐廬家塾刻本，收入於《槐廬叢書初編》。臺北中央研究院歷史語言所傅斯年圖書館，則藏有清光緒十三年（1887）吳縣朱氏素草堂藏版本，以及民國九年（1920）番禺徐紹棨彙編重印本，乃根據據清光緒十五年（1989）廣雅書局刊本彙編重印。

### （五）《青溪舊屋文集》十卷、《詩集》一卷

---

〔註71〕〔清〕阮元：〈揚州水道記序〉《劉文淇集》，頁482。

　　文集大抵收集了劉文淇書讀心得，關於經史同異，以及與友人酬唱之作，贈與友人之序跋、墓誌銘等，多抒發自我情懷。其中，文集也收入了當時揚州著名樸學學者之傳記與墓誌銘，爲這群默默無名的學者，留下紀錄。如，〈寶應喬循吉傳〉、〈戴靜齋傳〉、〈方端齋傳〉、〈劉迪九墓誌銘〉、〈甘泉薛子韻墓誌銘〉與〈江都梅蘊生墓誌銘〉。劉文淇對於學人們的家世、生平與學術研究之脈絡，皆作出綜述，也總結其學術研究概況。〔註72〕

　　目前傳世的版本分別爲：清光緒九年（1883）刻本，收入於《續修四庫全書》。〔註73〕是藏於北京中國國家圖書館、上海圖書館、臺北國家圖書館與臺北中央研究院歷史語言所傅斯年圖書館等地。此外，臺灣中央研究院中國文哲研究所，於2007年出版《劉文淇集》，是據《青溪舊屋文集》十卷與《詩集》一卷作重新點校，並新增有〈附錄〉。是補增劉文淇所作序、跋，以及碑傳、友朋書札，與友人致劉文淇著作之序拔提要等。由曾聖益先生點校，蔣秋華先生審定。〔註74〕

## （六）校勘《宋元鎮江府志》

　　《至順鎮江志》，承阮元之命而作。《至順鎮江志》爲僅存的少數元代地方志之一。作者爲俞希魯，「學問浩博，淹貫群籍」。元刊本久已不傳，嘉慶初年阮元得一鈔本，錄存副本二份，一藏家中文選樓，一藏焦山書藏，原鈔則進呈內府。時鎮江包景維願刊布是書，阮元乃屬劉文淇校勘。劉文淇參合文選樓與焦山兩處所藏鈔本，及前此他人所作校語箋記，考訂體例，勘論正誤。同時校勘有宋《嘉定鎮江志》。劉文淇在序中說：「昔宋彭叔夏作《文院英華辨證》，其體例大約有三：實屬承訛，在所當改；別有依據，不可妄改；義可兩存，不必遽改。茲編所校，略仿其例」。

　　本書劉文淇與其子劉毓崧共同校勘。始於道光二十一年（1841），成書於隔年道光二十二年（1842）。重刊本則與《嘉定鎮江志》合刻。目前傳世的版本分別爲：鈔本、清道光二十二年（1842）刻本、民國十二年（1923）丹徒陳氏之刻本，藏於上海圖書館。

---

〔註72〕〔清〕李慈銘：《越縵堂讀書記》（臺北：世界書局，1975年），第一冊，頁848。

〔註73〕〔清〕劉文淇：《青溪舊屋文集》十一卷（上海：上海古籍出版社，1995年），集部別集類，據湖北省圖書館藏清光緒九年（1884）刻本影印，冊1517。

〔註74〕〔清〕劉文淇著、曾聖益點校、蔣秋華審訂：《劉文淇集》（臺北：中央研究院中國文哲研究所，2007年）。

### （七）校勘《嘉定鎮江志》二十二卷首一卷附錄一卷校勘記二卷

《嘉定鎮江志》，是現存鎮江府志中最早的一部。道光二十二年（1842），據阮元家藏寫本校正重刊。阮元於《重刊至順鎮江志・序》一文中曾指出，「此寫本乃乾隆六十年（1795）宣城張木青所贈之書，嘉慶間進呈內府，又錄兩付本」。

目前傳世的版本分別為：上海圖書館藏有清道光二十二年（1842）丹徒包氏刻本、清宣統二年（1910）丹徒朱氏刻本。此外，臺北中央研究院歷史語言所傅斯年圖書館，藏有清宣統二年（1910）金陵重刊道光二十二年（1842）包氏刊本。

劉文淇進行校勘工作之時，其子劉毓崧也從旁協助不少。劉毓崧（1818～1867），字伯山，又字松崖。少時從父親劉文淇學。道光二十年（1840）舉優貢升入國子監。因謀官不順遂，遂返揚州，助父親校書。參與校勘《舊唐書》、《輿地紀勝》、宋元《鎮江府志》等，並寫校勘記。爾後，劉毓崧一度在揚州運斯郭沛霖家教郭氏諸子讀書。同治三年（1864）曾國藩在南京創建金陵書局，劉毓崧為書局主編之一，編印過多種書籍。

劉毓崧在年輕時也跟著父親讀書、校書，深受父親的治學理念影響。遵循父親考證《左傳正義》舊疏例，撰作《春秋左傳大義》二卷、《周易》、《尚書》、《毛詩》、《禮記》舊疏考正各一卷。其中，《周易舊疏考正》、《尚書舊疏考正》收入於《皇清經解續編》。

### （八）《舊唐書校勘記》六十六卷

道光二十年（1840）揚州岑建功欲刊刻懼楹齋本，延請劉文淇等主持校勘，底本乃用武英殿本《舊唐書》。殿本的校勘考證出於沈德潛等人之手，沈德潛為詩人，不諳史學，校勘後的《舊唐書》問題頗多，有的地方甚至失去《舊唐書》的本來面目。劉文淇等學者用較好的明嘉靖十八年（1539）聞人詮的刻本和其他史料對校，並利用了價值甚高而當時不為所重的宋代《冊府元龜》為材料。陳垣先生有言：「道光間，劉文淇諸人為岑氏校勘《舊唐書》，即大用《冊府》，成績甚著，亦以《冊府》所採唐五代事，不獨用劉薛二家之書，當其修《冊府》時，唐五代各朝實錄存者尚眾，故今《冊府》所載，每與舊史不盡同也」。〔註75〕因而劉文淇等所撰的六十六卷校勘記，遠遠勝過殿

---

〔註75〕陳垣：〈影印明本冊府元龜序〉《冊府元龜》（香港：中華書局，1960 年），頁
1～4。

本沈德潛等的所謂考證，有極高的校勘及學術價值。

道光二十二年（1842），劉文淇與其子劉毓崧等人，共同校勘《舊唐書》，至道光二十五年（1845）方成書。目前傳世的版本分別爲：湖北省圖書館藏清道光二十六年（1846）岑氏懼盈齋刻本，收入《續修四庫全書》。〔註76〕臺北中央研究院歷史語言所傅斯年圖書館，則藏有清同治十一年（1872）定遠方氏重刊補本，二十三冊。北京中國國家圖書館，亦藏有清道光二十六年（1846）岑氏懼盈齋刻本、清同治十一年（1872）定遠方氏重刊補本。

### （九）《輿地紀勝校勘記》五十二卷

此書爲南宋王象之所撰的一部，關於文化地理類型的著作。道光二十三年（1843）揚州岑建功借得阮元影宋本鈔錄的《輿地紀勝》副本，願重爲刊刻，乃延請劉文淇纂輯校勘記，岑建功自補鈔本闕文。於道光二十九年（1849）付梓。劉文淇校書認眞嚴謹，成績甚大，但不能不影響自己的事業。劉文淇在寫給好友劉寶楠之子恭勉的信中說到：「淇現爲岑氏校勘《輿地紀勝》及朱武曹先生《禮記訓纂》，君約於春夏間可以竣事。終日碌碌，未遑自理舊業」。〔註77〕這是無可奈何之事。

道光二十六年（1846），劉文淇與其子劉毓崧等人，共同校勘《輿地紀勝》，至道光二十七年（1847）方成書。目前傳世的版本分別爲：臺北中央研究院歷史語言所傅斯年圖書館，藏有清道光二十七年（1847）懼盈齋刻本。上海圖書館藏有清道光二十九年（1849）甘泉岑氏懼盈齋刻本。臺北國家圖書館藏有清道光二十八年（1848）揚州岑氏懼盈齋綠格鈔本、清道光二十九年（1849）刊楊州岑氏懼盈齋鈔本、清道光二十九年（1849）廣陵岑氏刊本、清咸豐五年（1855）南海伍氏刊本。

### （十）纂修〔道光〕儀徵縣志五十卷首一卷

道光二十九年（1849），劉文淇任纂《儀徵縣志》之總裁。是〈志〉，計分有：〈建置〉、〈輿地〉、〈河渠〉、〈食貨〉、〈學校〉、〈祠祀〉、〈武備〉、〈職官〉、〈選舉〉、〈人物〉、〈藝文〉、〈雜類〉十二志，並且將舊志序文、舊志論贊，以及江藩撰《校補陸志》作爲正文之尾聲以補充。志之內容採用新、舊儀徵

---

〔註76〕〔清〕劉文淇：《舊唐書校勘記》六十六卷（上海：上海古籍出版社，2002年），史部正史類，冊283～284。

〔註77〕〔日〕小澤文四郎：《儀徵劉孟瞻年譜》，卷下，葉六十三。

縣志並列，將儀徵縣之志書，由明代隆慶年間；清代康熙、雍正、乾隆之志書，依序列出之後，再補上新增內容。倘若各志書記載有異之處，均注明原委。

　　道光二十八年（1848），劉文淇與其子劉毓崧等人，共同纂修〔道光〕《儀徵縣志》，分任總纂與分纂。至咸豐二年（1852）方成書。目前傳世的版本分別為：臺北中央研究院歷史語言所傅斯年圖書館，藏有清光緒十六年（1890）重刊清道光三十年（1850）纂修本。上海圖書館藏有清光緒十六年（1890）刻本。

　　陳志修之碩士論文《儀徵劉氏春秋左氏傳舊注疏證研究》、張惠貞之碩士論文《劉文淇春秋左氏傳舊注疏證體例之研究》，在劉文淇的著述討論中，均列出劉文淇參與編纂道光十四年（1834）《重修揚州府志》。其中，二位均將資料出處，註明出自日籍學者小澤文四郎所編著《儀徵劉孟瞻年譜》。但參看資料來源出處，卻發現小澤文四郎於該處並無標注劉文淇參與修纂，不知二位何於說明，筆者以為可能有所筆誤，應予以修正。〔註78〕

---

〔註78〕陳志修：《儀徵劉氏《春秋左氏傳舊注疏證》研究》（臺中：逢甲大學中國文學研究所碩士論文，2000 年），頁 25，「道光十四年，重修揚州府志」。張惠貞：《劉文淇《春秋左氏傳舊注疏證》體例之研究》（臺中：逢甲大學中國文學研究所碩士論文，2001 年），頁 8。注為「成書道光十四年」。但筆者複查資料，發現《儀徵劉孟瞻年譜》葉四十二，並無著述劉文淇參與《重修揚州府志》之記載。再者，〔嘉慶〕《重修揚州府志》七十二卷首一卷，成書於嘉慶十五年（1810），劉文淇時年二十二歲，應尚無能力參與地方志纂修。〔同治〕《續纂揚州府志二十四卷》，成書於同治十三年（1874），劉文淇卻早在咸豐四年（1854）逝世，也無法參與編纂工作。

# 第三章 《左傳舊疏考正》之成書

　　道光十一年（1831），劉文淇與劉寶楠同赴金陵應省試，又不第。計前後省試已達十一次。劉文淇打消了再應省試的念頭，賦《別號舍》詩示劉寶楠：

> 四十年華轉瞬間，秋風廿仔鬢先斑。名山自有千秋業，從此歸來只閉關。狀多齊名說二劉，白門同載幾經邱。知君亦自甘樗散，好向江湖見釣舟。〔註1〕

宣誓自己將從此告別考棚號舍，必埋首學問，閉門著書，以完成學術之千秋大業。劉文淇的學術千秋業，最為人所知的，便是《左傳舊注疏證》、《左傳舊疏考正》。

## 第一節 《左傳舊疏考正》的寫作動機

### （一）《五經正義》修纂過程

　　今若要回顧《左傳舊疏考正》的撰述動機，必先由唐人修纂《五經正義》之過程討論起。《舊唐書》有載：

> 太宗以經籍去聖久遠，文字訛謬，令師古於秘書省考定五經，師古多所釐正，既成，奏之。太宗復遣諸儒重加詳議，于時諸儒傳習已久，皆共非之。師古輒引晉、宋已來古今本，隨言曉答，援據詳明，皆出其意表，諸儒莫不歎服。於是兼通直郎、散騎常侍，頒其所定之書於天下，令學者習焉。〔註2〕

---

〔註1〕　〔清〕劉文淇：《劉文淇集》，頁256。
〔註2〕　〔後晉〕劉昫等撰：《舊唐書》（北京：中華書局，1975年），列傳卷73〈顏籕

南北朝時期，南北兩地政治、社會分裂，經學亦隨之分裂，後有南、北學之分。而經典文獻的流通，經過長時間的刊刻，也出現許多舛錯之處。至唐代實現政治統一之後，結束將近南北朝、隋以來的政治動盪局面，一統天下。唐太宗的文教政策之一，便是下令學者顏師古等人，爲《五經》文本進行勘定。然而，唐太宗也欲將魏晉南北朝以來，儒學多門的局面，歸之於一說。是故，命孔穎達等學者，修纂《五經》義疏。

> 太宗又以經籍去聖久遠，文字多訛謬，詔前中書侍郎顏師古考
> 定《五經》，頒於天下，命學者習焉。又以儒學多門，章句繁雜，詔
> 國子祭酒孔穎達與諸儒撰定《五經》義疏，凡一百七十卷，名曰《五
> 經正義》，令天下傳習。〔註3〕

原本《五經正義》本原名爲「義贊」，是唐太宗下令由孔穎達所主持修纂之書，使得多門師說的儒學，能夠歸於一統，整合儒家學說，進而成爲科考所依準之教科書。

唐代接於隋代之後，當局李氏家族乃出身於關隴集團的武將世家，驍勇善戰。不過，唐代的強盛不僅只建立於軍事武裝，統治者更是意識到掌權之穩固，勢必需著眼於文化層面的深耕，方可長治久安。是故，唐太宗身爲開國君主，對於儒學之重視，以及漢文化的傳承，特別看重。

> 先是，與顏師古、司馬才章、王恭、王琰等諸儒受詔撰定《五
> 經》義訓，凡一百八十卷，名曰《五經正義》。太宗下詔曰：「卿等
> 博綜古今，義理該洽，考前儒之異說，符聖人之幽旨，實爲不朽。」
> 付國子監施行，賜穎達物三百段。時又有太學博士馬嘉運駁穎達所
> 撰正義，詔更令詳定，功竟未就。〔註4〕

在短時間之內要編出一部整合南北朝以來學說的著作，並非易事。特別是博士馬嘉運，與主事者孔穎達多次意見相左。是故，《五經正義》在首次初修時，便提出質疑，而《五經正義》又進入了第二次的修纂工作。

> 論經義貞觀十二年。國子祭酒孔穎達。撰五經義疏一百七十卷。
> 名曰《義贊》。有詔改爲《五經正義》。太學博士馬嘉運每掎摭之。
> 有詔更令詳定。未就而卒。

---

〔傳〕，頁 2596～2598。

〔註3〕 〔後晉〕劉昫等撰：《舊唐書》，儒學傳卷139〈儒學上〉，頁 4939～4942。

〔註4〕 〔後晉〕劉昫等撰：《舊唐書》，列傳卷73〈孔穎達傳〉，頁 2601～2605。

永徽二年三月十四日，詔太尉趙國公長孫無忌，及中書門下，及國
子三館博士，宏文學士，故國子祭酒孔穎達所撰《五經正義》，事有
遺謬，仰即刊正。至四年三月一日，太尉無濟，左僕射張行成，侍
中高季輔，及國子監官，先受詔修改《五經正義》，至是功畢，進之，
詔頒於天下，每年明經，依此考試。〔註5〕

根據《唐會要》的描述，便可知《正義》修纂的約略輪廓。歷時多年、多次、
多人參修後，終告成書。唐太宗於貞觀十二年（638）下詔，令孔穎達主持修
纂《五經》義疏。然而，成書時初名「義贊」，雖義贊乃疏體之名，但唐太宗
下令改名為「正義」，其用意在於，這是官方「正確」的詮釋說法，有一統學
說的意味。

《五經正義》非成於一人、一時之手，根據近人曾聖益的研究，發現《五
經正義》乃進行計三次的修纂過程，直至永徽四年（653）方宣告成書。〔註6〕
各經所選定所宗之注，以及所依據之底本義疏如下：

《周易》注：〔魏〕王弼注、〔東晉〕韓康伯注。

《尚書》注：〔漢〕孔安國傳。義疏：〔隋〕劉焯《述議》、〔隋〕劉
炫《述議》。

《毛詩》注：〔漢〕毛公傳、〔漢〕鄭玄箋。義疏：〔隋〕劉焯《述議》、
〔隋〕劉炫《述議》。

《禮記》注：〔漢〕鄭玄注。義疏：〔梁〕皇侃《述議》、〔隋〕熊安
生《述議》。

《春秋左氏傳》注：〔西晉〕杜預《經傳集解》。義疏：〔隋〕劉炫《述
議》、〔陳〕沈文阿《經傳義略》。

根據各部《五經正義》之序文，知當時修纂《正義》時分為三階段進行，一
為貞觀十二年（638）唐太宗下詔命修《五經》義疏。二為貞觀十四年（640）
之第一階段「纂修」完成。三為貞觀十六年（642）之審定，唐太宗將《義贊》
改名為《正義》。依據各部《正義》之序文，可整理出當時參與編纂的大臣與
學者名單，分初修與覆審兩階段。

《周易》：馬嘉運、趙乾叶；蘇德融、趙弘智。《尚書》：王德韶、李子雲；
蘇德融、朱長才、隨德素、王士雄、趙弘智。

---

〔註5〕 〔宋〕王溥：《唐會要》（臺北：世界書局，1989 年），卷 77，頁 1405。
〔註6〕 曾聖益：《儀徵劉氏春秋左傳學研究》，頁 146～149。

《毛詩》：王德韶、齊威；趙乾叶、賈普曜、趙弘智。

《禮記》：朱子奢、賈公彥、柳士宣、范義頵、張權；王士雄、趙乾叶、周玄達、趙君贊。

《春秋》：谷那律、楊士勛、朱長才；馬嘉運、王德韶、蘇德融、隨德素、趙弘智。

普遍而言，各書首修的人員較少，而覆審之人員較多。其中負責纂修之人員也共同參與多部經書的編纂活動。

此外，清代四庫全書之館臣們在編寫《四庫全書總目提要》時，在《周易正義》、《尚書正義》以及《毛詩正義》，都曾對《五經正義》之編纂過程作出描述：

此書初名《義贊》。後詔改《正義》。然卷端又題曰兼義。未喻其故。〔註7〕

唐貞觀十六年，孔穎達等為之疏。永徽四年長孫無忌等又加刊定。〔註8〕

唐貞觀十六年，命孔穎達等，因鄭箋為正義，乃論歸一定，無復岐途。〔註9〕

根據筆者所摘錄出的文句，可發現館臣們也清楚地了解，《五經正義》非成於一人、一時之手。首先，四庫館臣針對書名「義贊」，後又改名為「正義」，書首又出現「兼義」。有不同稱呼的說法，亦延續至今。再者，貞觀十六年（642）至永徽四年（653），其間將近十餘年之久，且主事者孔穎達又於貞觀二十二年（648）逝世，另一纂修官馬嘉運，亦於貞觀十九年（645）逝世。然而，《五經正義》乃是宗一《注》而疏解之，有「疏不破注」的慣例，將經典解釋歸於官方一統說法。如此一來，顯示了《五經正義》的經學特色。然而，令清儒詬病的是，《五經正義》雖實為述古之作，但卻又刪削所依據之底本內容及舊疏作者姓名，使得《五經正義》雖匯集舊疏，卻無法保留舊疏之原貌。

另外，關於《五經正義》修纂時是否是以顏師古所校定之《五經》為底本，如今尚無法確定。劉文淇於〈春秋左氏傳舊疏考正序〉一文中，列舉出

---

〔註7〕〔清〕紀昀等撰：《四庫全書總目・周易正義》（臺北：藝文印書館，1974年），據武英殿本影印，卷一，頁67。

〔註8〕〔清〕紀昀等撰《四庫全書總目・尚書正義》卷十一，頁275。

〔註9〕〔清〕紀昀等撰《四庫全書總目・毛詩正義》卷十五，頁332。

十項例子，試圖證明《五經正義》修纂時所依據之底本，並非顏師古所校正之本。然而，根據日籍學者福島吉彥先生之研究〈唐《五經正義》撰定考——《毛詩正義》研究之一〉，其中文章的第六小節「存疑」，考察新、舊《唐書》之〈孔穎達傳〉與《正義・序》、《上五經正義表》之文，發現新、舊《唐書》之〈孔穎達傳〉有記載顏師古等四人參與撰定《正義》，但也僅見於此，《正義・序》、《上五經正義表》之文，以及其他文獻，皆無顏師古參與撰定《正義》之記載。〔註 10〕是故，福島吉彥先生推測，顏師古極可能並無參與《五經正義》之修纂工作。如此一來，劉文淇於〈春秋左氏傳舊疏考正序〉中的對於《五經正義》「底本」的依據，更增添一項文獻資料可參考。

### （二）清代學者對《五經正義》的看法

　　清初的經學，尚未有太多學者關注《五經正義》，故少人討論之。清初學者特意以「漢學」區分「宋學」，有顧炎武所主張「經學即理學」，試圖將宋明理學抽象的思辯再度轉回至經學上。所謂清代漢學，是以訓詁為方法，重新回歸對經典文字作注疏，主張重返漢代經學，是因漢代師說去聖賢尤近，故清儒認為，欲得經書之經義，必先整理漢代學者對經書之訓釋。

　　若要返回漢代經學，必先通過唐人義疏。雖清初少有學者談論《五經正義》之成書相關問題，〔註 11〕但王鳴盛仍注意到《五經正義》之內容資料的問題，並提出討論。

> 此與〈舜典〉「鞭作宮刑」及〈武成〉「罔有敵於我師」，疏皆稱「我大隋」，乃隋儒語也。此經疏名雖繫孔穎達，其實皆取之顧彪、劉焯、劉炫，三人皆隋人，故未經刪淨處，元文猶有存者。〔註 12〕

王鳴盛在《尚書後案》中針對《尚書正義》的內容，發現「我大隋」等不尋常的字樣。這是極不合乎常理，因《尚書正義》乃為唐代官方所編纂之經典，而「大隋」因是隋代當代人對隋代的尊稱。應該是不可能會出現在《尚書正義》之內容。然而，依據《尚書正義・序》，可知《尚書正義》之成書底本，來自於劉焯、劉炫《述議》等二人。雖《五經正義》乃由孔穎達出任主纂，

---

〔註 10〕〔日〕福島吉彥著、喬風譯：〈唐《五經正義》撰定考——《毛詩正義》研究之一〉《中國經學・第八輯》（桂林：廣西師範大學出版社，2011 年），頁 87～102。

〔註 11〕曾聖益：《儀徵劉氏春秋左傳學研究》，頁 127～128。

〔註 12〕〔清〕王鳴盛：《尚書後案》（臺北：復興書局，1972 年）收入《皇清經解》卷 430，頁 33。

但其實內容還是可以發現其「承襲」之處。

此外，錢大昕也注意到《五經正義》的內容來源問題，同樣在《尚書正義》中，發現「大隋」等文字。然而，由唐人所主持修纂的經典，的確是不可能出現「我大隋」的字樣。再者，唐人也不可能以「大隋」來稱呼前朝。惟一可想的解釋，在於《五經正義》的編纂，即有可能是沿用南北朝義疏之著作，而未加更改。

> 唐初《正義》曲狗一家之言……《書疏》多采劉焯、劉炫二家，如〈舜典〉「鞭作官刑」疏云：「此有鞭刑，則用在鞭久矣。日來亦皆施用。大隋造律，方便廢之。」〈呂刑〉「宮辟疑赦」疏云：「漢廢除肉刑，宮刑猶在。近代反逆緣坐，男子十五以下，不應死者皆宮之。大隋開皇之初，始除男子宮刑。」唐人修書，不當仍稱大隋，蓋沿二劉之文而未及撿正也。〔註13〕

王鳴盛與錢大昕的一段話，也突顯了中國經學史上的一個重要文獻課題。即《五經正義》的文獻資料來源，以及挑戰《五經正義》的權威性。《五經正義》成書的理由，在於唐太宗欲將多門的儒學學說，歸之於一尊，除了作為明經科考所使用之依準。再者，《五經正義》之編寫，也顯示了官方的儒學學說詮釋的立場。然而，於各部《正義》之序文又已經寫明，乃是依據南北朝之義疏著作作為底本，是故為述古之作。但在內容上卻又是刪削南北朝諸儒之姓名，間接使得舊疏逐漸亡佚。《五經正義》之功過與得失，的確值得從事經學研究之學人思考一番。

此外，阮元於嘉慶六年（1801）在浙江成立「詁經精舍」。吸引眾多有意投入經學研究的青年學子就讀，阮元除了親自授課外，也聘請當時有名的漢學家，如王昶、孫星衍等人，至書院執教授課。而阮元也經詁經精舍之學員與教員撰寫之較優文章，集合彙編為《詁經精舍文集》。其中，收入一系列學員討論六朝學術、唐人編纂《五經正義》之功過得失。名為〈六朝經疏流派論〉十三篇以及〈唐孔穎達五經義疏得失論〉五篇。

首先，汪家禧〈六朝經疏流派論〉之文中，也討論到注、疏之間的問題，並且指出杜預《注》之問題。

> 夫王氏以清言衍《易》，故通《老》、《莊》者多遵之。古文《尚書》

---

〔註13〕〔清〕錢大昕撰、呂友仁點校：〈唐初刪定《五經正義》〉《潛研堂集》（上海：上海古籍出版社，1989 年）卷九，頁 135。

> 聞作僞于王肅，晉徐邈已爲作音。信者之多可之矣。杜預竊服、賈
> 說，掩其名而以臆見亂之，諒闇短喪，顯悖名教，其失更甚。是三
> 者江左諸儒獨信之。至貞觀作《正義》，遂據以爲本。三經漢學之亡，
> 不亦江左之失歟。〔註14〕

汪家禧認爲，杜預之《注》內容，也多爲服虔、賈逵之說，但卻將其姓名刪
削，以一己之說詮釋之。然至唐代貞觀年間，《正義》又宗杜預《注》一家爲
疏解。如此一來，使得南北朝以來所發展的他家義疏之學，隨著《五經正義》
的成書，成爲唐代經學的權威解釋之後，而逐漸亡佚。再者，有學員邵保初
之文。

> 唐貞觀中，奉詔撰《五經正義》。因循不革，按康成聞服虔解《左
> 傳》，多與己同，遂以所注異之。是服學即鄭學，行鄭服則學出于
> 一。行王杜僞孔則學分爲三，故有兩經之疏同爲一人所作而互相矛
> 盾。使學者茫然不知眞是之歸。〔註15〕

邵保初之文則指出，《正義》內容上的一大缺失，在於論述之間的相互矛盾。
使得讀者不知何者爲確。然則，《正義》的體例乃是因傳注而疏解，但問題是，
每《經》所宗之《注》不同，而就算是同一作者，竟也出現論述相互矛盾的
情形。故邵保初所提出的問題，也是《正義》讓讀者無所適從之處。此外，
有胡敬論〈唐孔穎達五經義疏得失論〉之文。

> 箴孔氏之失者曰，彼此互異，曰曲狗註文，曰雜引讖緯，如祭感生
> 帝之爲禘。鄭說也。《禮》疏是鄭而非王，《春秋》疏又是王而非鄭，
> 兩說參錯，將安適從。他如毛、鄭注《詩》，互有異同。孔既不能申
> 毛以折鄭，又不能據鄭以評毛。兩說並陳，不知誰是。其顯然攻鄭。
> 若東方未明疏之辯晝漏六十刻夜漏四十刻。斥鄭減晝五刻以禪夜爲
> 妄說，不可強爲之辭者。百無一二。至如七經、七緯，出自漢代，
> 說多詭異。而孔是乃往往引之，宋歐陽氏議削去而未果。是三者，
> 皆孔氏之失。顧正惟有此三者之失，而孔氏之書之大旨，率皆傳述
> 而非創建。益明矣。考《唐書》孔穎達本傳，明言習服氏《春秋》、
> 鄭氏《尚書》。今義疏于《尚書》、《春秋》宗杜之學，知與穎達所肆

---

〔註14〕 〔清〕汪家禧：〈六朝經術流派論〉《詁經精舍文集》（臺北：臺灣商務印書館，
1966年）卷一，頁1～2。

〔註15〕 〔清〕邵保初：〈六朝經術流派論〉《詁經精舍文集》卷一，頁5～9。

習者不同。況義疏作于貞觀，而書鞭作官刑宮辟疑赦下，兩稱大隋。
其原本劉氏之跡昭然，且穎達奉勅監脩，其實監脩之者非一人，《易》
有馬、趙，《書》有王、李，《詩》有王、齊，《春秋》有古那、楊、
朱，《禮》有朱、李、賈、柳、范、張。義疏之獨以孔氏稱者，穎達
官高，專其名耳。記非成于一手，而又無創獲之解，取前儒之詁訓，
略更定之。其失在于因循，其得在于能述古也。且今之頒在學宮者，
已不盡貞觀之所定。考《唐書》穎達既卒，博士馬嘉運駁其所定義
疏之失，有詔更定未就。永徽二年，詔諸臣復考證之，就加增損。
書始布下。蓋已非孔氏之舊矣。統論之，南北諸儒之說，不至泯沒，
固貞觀諸臣之功，而剌取前人之成書以爲功，又未必非貞觀諸臣之
漏失也。

《正義》者就傳、注而爲疏義也。所宗之注不同，所本之義疏亦異，
則得失於是乎著。〔註16〕

胡敬由正、反二面論述《正義》之功過。首先言過，歸納有三點：「彼此互異」、
「曲狥註文」、「雜引讖緯」，並舉例說明之。然而，文中也申明《正義》之內
容，乃是傳述南北朝以來之疏文，所載並非唐人之創見。再者，《正義》歷經
多次修纂與多人增刪，內容早已不復初本。不過，不能否認的是，唐人修纂
《正義》仍是保留了南北朝以來的舊疏之說，是故，這「襲取」也並非全然
皆爲負面之意義。此外，胡敬也指出唐人修纂《正義》之體例，乃根據所宗
之《注》而疏解之。如此一來，因爲各《正義》所依據的《注》本不盡相同，
所以疏解之義疏自然也就有所差異。因此，胡敬認爲，這方爲《正義》的缺
失所在。

另學員趙坦，亦有〈唐孔穎達五經義疏得失論〉一文。針對《左傳正義》
之內容，提出討論。

《左傳》宗杜氏，於義疏則本劉光伯。杜氏之精亦皆從賈、服竊來，
其淺處正復不少。孔氏惟杜之從，所引釋例之屬，又杜氏一家之學，
亦奚貴焉。雖有劉光伯之規杜，理精辭辨，足以摧折武庫。孔氏槩置
評駁，不復遵用，故《左傳正義》，雖大旨可觀，其失亦見。〔註17〕

趙坦與上述汪家禧〈六朝經疏流派論〉之文中所持觀點相近，認爲杜預《注》

---

〔註16〕 〔清〕胡敬：〈唐孔穎達五經義疏得失論〉《詁經精舍文集》卷六，168～169。
〔註17〕 〔清〕趙坦：〈唐孔穎達五經義疏得失論〉《詁經精舍文集》卷六，頁169～171。

皆是襲自服虔、賈逵。雖《左傳正義》於〈序〉文中已經交代所依據之底本，但是在內容上，又必須宗杜《注》，不能反駁其說。是故，導至劉炫《述議》中有部分內容因此被刪改，不復舊貌，亦是其缺失之一。學員陶定山有一文〈唐孔穎達五經義疏得失論〉，指出《左傳正義》內容之中，有舛錯之處。

> 《左傳》則本杜預，其先為正義者，有沈文阿、蘇寬、劉炫三家。沈長於義例，故元妃孟子，及華督賜族，二條引之。蘇多棄文本，而考仲子之宮，仍叔之子，二條亦引之。桓七年穀伯鄧侯全述衛冀隆秦道靜之說。桓九年享以上賓，並酌膏肓鄭箴之義。其他考證之言，多憑賈、服。旁採之說，亦取劉規。數典之誤。桓二年戰于千畝，有晉世家穆十年伐千畝有功可證，而疏引王戰姜戎之事，則以周事為晉事矣。舛錯之誤。襄十三年九族，自高祖至元孫。杜注自明。而桓六年則謂九族兼外親，直自相矛盾矣。先儒謂左多古言，亡于杜注。然自有此疏，而杜注以明，則孔又杜之功臣。〔註18〕

陶定山將《左傳正義》之誤處歸納為三點，有「數典之誤」、「舛錯之誤」、「自相矛盾」，是謂其過。不過，陶定山也認為，倘若《左傳正義》可以完全明杜預之《注》，也不失為其功，孔穎達成《正義》仍功不可沒。此外，有學員錢福林〈唐孔穎達五經義疏得失論〉一文，錢福林則指出劉炫《述議》優於杜預《注》之論述。

> 杜註左氏，每背服義。劉炫復有所規，孔每袒杜而抑劉，其實劉義有勝於杜者。桓三年《經》，公會齊侯於嬴。《注》云，《經》之首時必書王，其或廢法違常，失不頒朔，故不書王。劉氏以為闕文。僖十五年《傳》，涉河侯車敗。杜云，晉侯車敗。劉以侯者五等總名，以侯車敗為秦伯車敗，義實明顯。孔氏皆取而咎之，過矣。又定四年《傳》，五叔無官，《注》以毛叔聃充五叔之數。然《傳》既云，聃季授土，季為司空矣。謂之無官可乎。杜之可議，無逾於此，而《正義》亦不之正也。〔註19〕

錢福林指出，以桓公三年、僖公十五年為例，認為劉炫之說較優於杜預《注》，

---

〔註18〕〔清〕陶定山：〈唐孔穎達五經義疏得失論〉《詁經精舍文集》卷六，頁 170～173。

〔註19〕〔清〕錢福林：〈唐孔穎達五經義疏得失論〉《詁經精舍文集》卷六，頁 173～175。

是肯定劉炫之說。此外，對於《正義》之「正」，所隱含的正確之義，對於其
權威性，則是有所保留。

　　《詁經精舍文集》成書於清代嘉慶年間，而此論題能成詁經精舍學員們
討論的課題之一，想必也與阮元本身的經學研究有所關聯，亦為當時重要的
研究議題之一。不過，雖為課堂上討論的學術議題，但是仍舊無人有系統地
完整分析《五經正義》之內容資料來源。劉文淇在揚州學派學風的薰陶之下，
逐步邁向其研究路徑，在該學術風向的耳濡目染，研究《五經正義》，便成為
其一生研究的選擇。劉文淇於〈春秋左氏傳舊疏考正序〉中寫到：

> 文淇質性駑鈍，年二十始從友人所借得《毛詩疏》，手自繕寫。後乃
> 得《十三經注疏》，依次校勘，朝夕研究。

劉文淇所處的時代，漢學仍然繼續發展，於劉文淇所居住的揚州地區，也聚
集了大批有志樸學之學者，彼此互相交流，共同致力於經學研究。

> 六朝諸儒說經之書，百不存一，使後人略有所考見者，則以唐人《正
> 義》備載諸儒之說也。然唐制試明經一依《正義》，非是，黜為異端，
> 遂使諸儒原書漸就亡佚。故昔人謂唐人《正義》，功過相等……近讀
> 《左傳疏》，反覆根尋，乃知唐人所刪定者，僅駁劉炫說百餘條，於
> 皆光伯《述議》也。〔註20〕

劉文淇反覆校勘《左傳》注疏，認定唐代《左傳正義》所刪定者，僅是駁劉
炫的學說百餘條，其餘則仍為劉炫的學說。他認為劉炫的原書本載在舊疏，
如果議其得失，那麼引用舊疏自必當錄其姓名，或引申其說，或駁正其非。
而唐代永徽年間，諸臣卻將舊疏姓氏削去，襲為己語。是故，劉文淇指出，
剿襲劉炫舊疏，並非孔穎達本意，而是永徽年間諸臣之行為。另外，劉文淇
列出十條論據，指出《禮記正義》所論的定本，並非唐代顏師古所校訂的《五
經》定本，而是指南北朝、隋代以前的舊疏。劉文淇由此得到二百餘條舊疏，
寫成《春秋左氏傳舊疏考正》。並由沈欽韓、黃承吉二人分別撰寫〈序〉，在
〈序〉文中，二人皆提及自六朝以來，至唐人編纂《正義》之看法。首先，
沈欽韓作〈劉文淇左傳疏考證序〉一文：

> 義疏之學，六朝尚矣。百川並流，盡以唐人《正義》為壑谷，迄今
> 為皇氏一家傳自海島，真贗莫辨。其他則姓名僅見，條貫無存。若
> 二劉之於《詩》、《書》、《左傳》，皇、熊之於《禮記》，所載較多，

---

〔註20〕　〔清〕劉文淇：〈春秋左氏傳舊疏考正序〉《劉文淇集》卷五，頁83～92。

> 然掩其精華,訾其糟粕,棄若弁髦,淪於朽蠹,豈不甚可惋惜哉。
> 〔註21〕

沈欽韓同樣指出,原先六朝所興盛之義疏學,乃因唐代大一統政權的建立,唐太宗下詔歸一儒學多門,欲將學說定於一尊,而命作《正義》。而原本應爲述古的傳述之作,卻又將所承之底本,刪削舊疏作者之姓名。此外,也將原有底本之論述,爲《正義》所宗之《注》若有相違,唐人便會「特申短見」,加以攻駁南北朝舊疏,或針對內容有所刪削。就學術演變的歷史眼光而言,沈欽韓認爲,其憾事一件。此外,黃承吉〈春秋左氏傳舊疏考正序〉也寫道:

> 然人知《正義》功在貞觀,而不知此學之貫穿明贍,萃於南朝,執守精專,又盛於河北。當時南北分途講學,即會歸隋氏,二劉實經學之大宗。故如炫之《述議》,設非唐人刪爲《正義》,則其書可至今存,及炫以前之說舉可存。自有《正義》而後炫書廢,而諸儒之說盡廢,且不獨疏家之說廢,及傳注之說之存於《述議》中者亦廢。
> 然則唐人之《正義》襲故冊而掩前編,乃唐人之過也。〔註22〕

黃承吉論《正義》之功過,則《正義》之功不能抹煞,以述古之作,經過唐代學者們的篩選與整理,將南北朝以來的舊疏收入經典之中。但黃承吉亦以劉炫《述議》爲例,特別強調就是因爲《正義》之任意刪削內容,使得六朝以來之義疏前說,幾乎廢盡,甚至連保存在《正義》內容之中的舊疏,亦非原本面目。是故,同樣必須申明。

清儒除了對《正義》的編纂感到不滿之外,其實還有一個更切中問題核心的因素,乃是《左傳正義》所宗之杜預《注》。

> 覆勘杜注,眞覺疵病橫生,其稍可觀覽者,皆是賈、服舊說,洪稚存太史《左傳詁》一書,與杜氏剿襲賈、服者條舉件系,杜氏已莫能掩其醜,然猶苦未全。文淇檢閱韋昭《國語注》,其爲杜氏所襲取者,正複不少,夫韋氏之注,除自出己意者,余皆賈、服、鄭、唐舊說,杜氏掩取贓證,頗多竊不自量。〔註23〕

從劉文淇寫給沈欽韓的書信中,不難看出清儒對杜預《注》的不滿,起因爲杜預《注》亦是襲取服虔、賈逵之《注》,並將其姓名刪削,據爲己意。另外,

〔註21〕 〔清〕沈欽韓:〈劉文淇左傳疏考證序〉《劉文淇集》,頁 476～479。
〔註22〕 〔清〕黃承吉:〈春秋左氏傳舊疏考正序〉《劉文淇集》,頁 469～476。
〔註23〕 〔清〕劉文淇:〈與沈小宛先生書〉《劉文淇集》卷三,頁 46～49。

劉文淇也發現韋昭之《國語注》，其內容也多爲杜預《注》之重出。然而，包含劉文淇在內的清代學者，對杜預此番行爲，皆頗不以爲然，甚至不乏撻伐聲浪。

清代學者不滿唐宋舊疏，欲爲十三經重作新疏。既然清人都認爲唐代《正義》成而五經亡，那麼要挽救已亡之經的話，最好的途徑當然就是恢復舊疏，恢復舊疏才能恢復經典的原貌，也可以找到眞正的經義。然而，清人多不看好唐宋注疏，但欲通過唐宋注疏直溯漢人經學，以達到重建經典眞正經義之目的，其中的重要橋樑即六朝義疏之學。〔註24〕

# 第二節 《左傳舊疏考正》的撰述過程

道光八年（1828），劉文淇與寶應劉寶楠、江都梅蘊生、安吳包愼言、丹徒柳興恩、句容陳立，一同至金陵（今南京）應省試，途中談到《十三經注疏》，眾人皆對舊注疏不能滿意，認爲有改作的必要，舊有的注疏，好的應予以保留，壞者應予以重作。經過商量，各任一經，劉寶楠任《論語》，柳興恩任《穀梁》，陳卓人任《公羊》，劉文淇自任《左傳》。於此，便開展爲其一生研究的目標。〔註25〕

## （一）清代《左傳》學風

劉文淇與友人皆對舊《十三經注疏》表示不滿，要求重作新疏。然而，這並非他們的一己偏見，可說是乾嘉以來學者們的普遍看法。特別是對唐宋舊疏，意見頗多，紛紛欲作新疏取代之。劉文淇的孫子劉壽曾在〈十三經注疏優劣考〉中提出一個觀點：「其優劣當以所取注爲斷」。然而，由此可知清儒，特別是揚州學者之經學觀，與對《注》本的重視。

另一方面，清人治學樸實，訓詁考據之學大盛，音韻小學的研究成果皆超越前人，爲重作新疏奠基了堅實的基礎，以及開拓新的研究方法。有了這項條件，新疏不斷出現。新疏的特點是愼重選擇舊注，廣泛吸收新的研究成果，以達到後出轉精之效。而清人《十三經注疏》，包含惠棟《周易述》、江聲《尚書集注音疏》、邵晉涵《爾雅正義》、孫星衍《尚書今古文注疏》、焦循

---

〔註24〕 郭院林：《清代儀徵劉氏《左傳》家學研究》，頁200。
〔註25〕 相關「金陵之約」描述，請參見陳鴻森：〈劉氏論語正義成書考〉《中央研究院歷史語言研究所集刊》第65卷第3期（1994年9月），頁477～508。

《孟子正義》、郝懿行《爾雅義疏》、陳奐《詩毛氏傳疏》、胡培翬《儀禮正義》等多部書。這些新疏的成果，都成為劉文淇新疏《左傳》，提供了有益的經驗與借鏡。

清儒研究《左傳》，主要放在賈逵、服虔與杜預三家《注》。賈逵，東漢古文經學家。其父賈徽曾從劉歆受《左氏春秋》，賈逵繼承家學專攻《春秋左氏傳》，著有《左氏傳解詁》三十篇、《春秋左氏專傳》二十卷等。其書均已亡佚。清人馬國翰（1794～1857）《玉函山房輯佚書》、黃奭（1809～1853）《漢學堂叢書》有輯本。服虔，東漢時古文經學家。精於《左氏傳》，撰有《春秋左氏傳解誼》等書。南北朝時盛行於北方。至唐孔穎達編纂《五經正義》，《左傳》取杜預《注》，服虔之《注》遂逐漸亡佚。上述《玉函山房輯佚書》中有《左傳解誼》，即辯駁文章〈左氏膏肓釋痾〉等。李貽德輯有《左傳賈服注輯述》。杜預，西晉經學家，司馬懿的女婿。以平定孫吳完成統一有功，封當陽侯，有「杜武庫」之稱。銳意典籍，有《左傳》癖，著作《春秋左氏經傳集解》、《盟會圖》、《春秋長曆》等。出於杜《注》晚出而異古（不同於賈、服），又能迎合江左風氣，所以在南方很盛行。隋朝杜《注》獨盛，服《注》遂淹沒。

賈、服之注較古，故亦較樸實，時間點也更接近聖人；杜注晚出，一意標新，將原來各自單獨別行的《左傳》與《春秋》合二為一，使史書的「傳」為闡發「經」義而詮釋，在內容上的確是有些勉強，而且體例亦不甚協調。然而，因杜預亦非師從漢學師說，是故其訓詁能力較弱。因此，清儒批評杜《注》是疏於訓詁，曲解典章名物，昧於古例天算，望文生義。梁啟超《中國近三百年學術史》有言：

> 《左傳》自劉歆創通義訓後，賈逵、服虔兩注盛行，自杜預剿竊成今注，而舊注盡廢。助司馬氏篡魏，許多詖邪之說夾在注中，所謂「飾經術以文許言」者，前人論之甚多，大概不為冤枉。這些且不管它。至於盜竊成書，總不能不說是破壞著述家道德。孟瞻父子，就是要平反這重公案。〔註26〕

梁啟超這段文字，也相當程度反應清儒對杜預《注》之不滿。文中所謂「盜竊成書」，即指杜預使用了賈逵、服虔之注，而又不予說明。故梁啟超認為，

---

〔註26〕梁啟超：《中國近三百年學術史》（天津：天津古籍出版社，2003年），頁225～226。

劉文淇父子二人的確有其梳理《正義》內容之必要，但並非他們創始的。劉文淇的重孫劉師培《經學教科書》中指出：

> 治《左傳》者，自顧炎武作《杜解補正》，朱鶴齡《讀左日鈔》本之，
> 而惠棟、沈彤、洪亮吉、馬宗璉、梁履繩，咸糾正杜注，引申賈、
> 服之諸言。以李貽德《賈服注輯述》爲最備。至先曾祖孟瞻公作《左
> 傳舊注正義》，始集眾說之大成。〔註27〕

劉文淇治理《左傳》，係從兩個方面進行。一是研究舊注，寫成《左傳舊注疏證》；一是研究舊疏，寫爲《左傳舊疏考正》。《疏證》工程浩大，耗費時力最多。最先完成的是《舊疏考正》。《舊疏考正》是一部系統性地研究孔穎達《左傳正義》的著作。孔穎達奉唐太宗之命，主持編纂《五經正義》，即對五經的傳著作疏解，方法是以「覽古人之傳記，質近代之異同，存其是而去其非，削其繁而增其簡」。其長處乃克服了「師出多門」，莫衷一是的弊病；其短處爲，疏文出眾手，顯得不一致而龐雜。劉文淇對《五經正義》作了全面性的考正，他在〈序〉中說到：

> 世知孔冲遠刪定舊疏，非出一人之手。至於舊疏原文，蓋謂無跡可
> 循。近讀《左傳》疏，反復根尋，乃知唐人所刪定者，僅駁劉炫說
> 百餘條，餘皆光伯《述議》也。〔註28〕

劉文淇在〈序〉文以清楚說明，《五經正義》多襲其說，而不具書名，使舊疏淹沒。劉文淇認爲這是不應該的，而且造成了混亂，於是從「無跡可循」中，一一析釐，鉤稽出劉炫《述議》的材料二百多餘條，將孔疏與六朝至隋的舊疏，將其關係釐析清楚，並且打破杜注孔疏的一統地位，對研究六朝舊疏以及《五經正義》有啓發性的作用。

## （二）劉文淇與學人討論

劉文淇撰寫《左傳》學著作的過程中，也曾幾番與友人相與討論學問。道光十五年（1835），黃承吉曾致書信與劉文淇，討論《左傳》中的字義解釋。

> 僖三十年《傳》：「饗有昌歜。」自《正義》謂此「昌歜」之音相傳
> 爲「在感反」，而人不之「昌歜」之「歜」當音觸。自〈玉篇〉以「歡」
> 爲「昌蒲菹」，而人不知「昌歜」之字本當作「歜」不作「歡」。段

---

〔註27〕 〔清〕劉師培：《經學教科書》冊二，收入《劉申叔遺書》（南京：江蘇古籍
出版社，1997 年），頁 2086。

〔註28〕 〔清〕劉文淇：〈春秋左氏傳舊疏考正序〉《劉文淇集》卷五，頁 83～92。

氏玉裁謂：「昌，陽氣辛香以爲菹，其氣處鼻，故曰昌歜。」於「歜」
自之本字本音，可謂明白了當。而又謂「歜」與「歁」可相假借。
則猶爲〈玉篇〉所惑。先生謂「觸」之字起于「蜀」，蜀本有上觸之
象，加「角」則爲角之觸，加「欠」則爲氣之歜。《說文》解「歜」
爲「盛氣怒」，正是「觸」之本字。「觸」行而「歜」始廢，可無疑
于「昌歜」之「歜」當音「觸」矣。謂「歁」以「龜」爲聲，而即
以「慼」爲義，與「昌蒲菹」義了不相涉，可無疑于「昌歜」之「歜」
本當作「歜」矣。謂「歜」在燭部，音觸，「歁」在屋部，音慼，其
變爲「在感」、「徂感」反；且假借之字，但取同聲，安有「歁」爲
假字，而反直據本字之義，居然訓爲「昌蒲菹」者？可無疑於「歜」、
「歁」之不能假借矣。昔人謂不通假借，而但泥古義，不可以解古
書。愚竊謂但講假借而不明本義，亦未可解古書。此類是也。〔註29〕

劉文淇吸收黃承吉的音韻學成果，引入《左傳》字詞的解釋。如引文中對於
《左傳》中的僖公三十年，「冬，王使周公閱來聘，饗有昌歜」，對於「歜」
字義的討論。此外，此封書信另有：宣公十二年，「晉人或以廣隊不能進，楚
人惎之脫扃，少進，馬還，又惎之拔旆投衡，乃出」，對「惎」的討論，以及
「拔旆投衡」的解釋；襄公二十五年，「甲午，掩書土田，度山林……表淳鹵」
中，對「淳鹵」意義的討論，前人認爲淳鹵互文，即是鹽鹼地，而劉文淇贊
同黃承吉之說，認爲淳與鹵爲對文，淳意爲沃土，鹵爲鹽鹼地，大反前人之
說。其他如成公三年，「荀罃之在楚也，鄭賈人有將置諸褚中以出」，襄公三
十年，「取我衣冠而褚之」中，關於「褚」的意義，他都一一納入自己的《左
傳》研究之中。

除此之外，劉文淇亦與研究《左傳》的學者沈欽韓互有書信往來。道光
十年（1830），劉文淇亦曾致書信於沈欽韓，信中依舊是申明杜預《注》襲取
他《注》之情形。

前歲得尊著《左傳補注》，已錄副本，批尋再四。竊歎左氏之義，
爲杜征南剝蝕已久，先生披雲撥霧，令從學之士復覩白日，其功盛
矣。覆勘杜注，真覺疣痏橫生，其稍可觀覽者，皆是賈、服舊說。
洪稚存太史《左傳詁》一書，於杜氏勦襲賈、服者，條舉件繫，杜
氏已莫能掩其醜，然猶苦未全。文淇檢閱韋昭《國語注》，其爲杜氏

〔註29〕 〔清〕劉文淇：〈答黃春谷先生書〉《劉文淇集》卷三，頁41～46。

所襲取者，正復不少。夫韋氏之《注》，除自出己意者，於皆賈、服、鄭、唐舊說，杜氏掩取贓證頗多。……他如《五經異義》所載左氏說，皆本左氏先師；《說文》所引《左傳》亦是古文家說；《漢書・五行志》所載劉子駿說，皆左氏一家之學。又如《周禮》、《禮記疏》所引《左傳注》，不載姓名而與杜《注》異者，亦是賈、服舊說。凡若此者，皆以爲注而爲之申明。《疏》中所載尊著，十取其六……近今爲左氏之學，未有踰先生者，文淇鑽仰有年，草稿粗就，其已十年之功，或可成此。〔註30〕

劉文淇與《左傳》學名家沈欽韓交往，抄錄沈欽韓的《左傳補注》，並研讀再三，認爲沈欽韓之書，能導正杜預之偏頗，且認爲「近今爲左氏之學，未有踰先生者」，故自言「疏中所載，尊著十取其六」，對沈欽韓的說法多作採信。

　　劉文淇在撰寫《左傳舊疏考正》時，也將該書之文稿，交付與好友劉寶楠校閱。

　　　楚楨足下：前以拙箸《左傳舊疏考證》奉質，承荷校勘，謹嚴精確，獲益良多。惟《隋志》爲《正義》所引者，弟據以爲非唐人，此確有關係。據《唐書》：「貞觀三年，魏徵監修《隋書》，又奏顏師古、孔穎達、許敬宗三人同撰，徵爲其〈序論〉。」又云：「貞觀中，魏徵、虞世南、顏師古，相繼爲秘書監，請購天下書。選五品以上子孫工書者爲書手。」按徵本傳：「貞觀三年，爲秘書監。」虞、顏，貞觀七年爲秘書監、秘書少監。是時方購求遺書，沖遠又預修《隋志》，豈有私家自見其書，乃不上官局，而又於《志》內云李巡《注》已亡。揆之事理，必不其然。至來教謂爲闇記，按《新、舊唐書》僅云「闇記《三禮義宗》」不言其他。且《疏》中所云亡書不下二十餘條，豈皆闇記。又既云能闇記，及何不錄出副本上之。如謂愼疑而不之於官，則《正義》亦官書，胡不愼疑而乃載之也。至謂沖遠與光伯同時，光伯所見之書，沖遠亦無容不見，是已。然隋亡之後，典籍缺如，遠等作《隋志》，已云所存者十之二。又唐高祖、太宗兩下詔求書，亦皆以亂後亡失，故求之極殷，雖同時習見之書，而不能無昔存今王之概，亦載諸正史，可考而知。〔註31〕

---

〔註30〕　〔清〕劉文淇：〈與沈小宛先生書〉《劉文淇集》卷三，頁46～49。
〔註31〕　〔清〕劉文淇：〈與劉楚楨書〉《劉文淇集》卷三，頁49～50。

根據劉文淇的回信，可推知二人對於《左傳正義》中所引之「亡佚」書，有不同的見解。劉文淇以《隋書》無著錄之，而又出現於《左傳正義》，認定爲亡書，故若出現在《左傳正義》之中者，必爲舊疏。他也不同意劉寶楠所認定的，孔穎達疏中所引《隋志》亡書，確爲孔穎達所見所錄的觀點。劉文淇認爲孔穎達《左傳正義》所引的《隋志》亡書二十餘條並不可信，乃後人所竄入。他認爲孔氏學識無愧通儒，只是《左傳正義》在他有生之涯未成，又經後人刪竄，多失其眞。

此外，同樣與劉文淇交好的尚有包愼言。劉文淇亦將《左傳舊疏考正》之文稿，交付其校勘。

> 孟瞻大兄足下：尊著《左氏舊疏考正》，前承命校勘，所粘籤肆其胸臆，率爾之晒，殊所不免，非敢以爲有助于兄爾，冀兄之有以吾覆耳。兄乃不以爲謬，重命弟爲之審定，謙謙之度，雖古人何以遠過。弟不揣愚陋，因再加校閱，圈出一百六十餘條，凡此諸文，或從實處求是，或從虛處尋根，其爲舊疏，義可無疑，但出自弟一人之私見，容有未盡，當須與子韻、小城諸君子更商之。
>
> 「甲午治兵」、「會晉師於棐林」、「知悼子」三條，尊著以《疏》爲《述議》原文，弟求之文意，皆爲沈文阿舊說，推尋上下，脈絡分明，似爲不謬，惟兄裁正之。
>
> 亡書與攻賈、服二事，雖涉景響，以弟觀之，且屬可信。民間載籍，故有官書所未備者，然當日六朝人既爲杜氏作疏，其于訓詁、典物、文義，宜廣爲徵引，詎故留而不發，待後人補緝邪？《正義·序》言奉敕刪定，刪者刪其謬誤繁文，正者正其是非得失，則《正義》之作，冲遠特據舊本爲去取，故四載之間，即能成此盛業。弟意亡書四不必別錄，但于首一條詳立一案，於則可從省文。攻賈、服者，亦可依此爲例。但疏家專事護注，凡所糾正先儒語，不盡快心，或可更別而出之，一一爲之辨明，與《考正》一書相輔而行，亦一盛事也。〔註32〕

對於「亡書」，包愼言的看法與劉文淇較相近，均認爲《隋書》無著錄之，而又出現於《左傳正義》爲亡佚書，載於《左傳正義》之者，則爲舊疏。

---

〔註32〕 〔清〕包愼言：〈與劉孟瞻論左氏舊疏書〉《劉文淇集》，頁451～452。

### （三）《考正》成書時間與長編

劉文淇最重要的二部《左傳》學著作，即《考正》、《疏證》。但二者的成書過程，可說幾乎重疊一起。今人劉建臻的研究，認爲劉文淇自《左傳舊疏考正》完稿之後，方才進行長編的編纂。其依據爲：首先，劉建臻發現南京圖書館藏有一部刊刻於「嘉慶二十五年」（1820）的《左傳舊疏考正》，並且指出「道光十八年（1838）即已刊行」的說法有誤。〔註33〕

不過，依據文獻記載，丁晏、劉毓崧諸人都認爲「草創四十年，長編已具，然後依次排比，成書八十卷。」〔註34〕如果時間往回推至道光八年（1828），劉文淇與友人相約重疏十三經始，至劉文淇逝世的咸豐四年（1854），期間總計僅二十七年。似乎可以推想，當劉文淇於二十餘歲時，對於《五經正義》之內容產生疑義時，內心亦同時萌生替《左傳》重新作疏之心念。

劉文淇於《左傳舊疏考正・序》中寫到，年已二十，方才讀《毛詩疏》，「後乃得《十三經注疏》，依次校勘，朝夕研究」。並且已經發現問題，「竊見上下割裂，前後矛盾，心實疑之久矣」。然而，在一封陳立與劉文淇的書信往來中，陳立寫到：

> 前聞孟慈先生言，稱夫子近治《左疏》，長編已具，明春即可從事編纂。又聞治經之餘，頗留心鄉邦利害，已成《揚州水道記》一書。
> 〔註35〕

信中雖未明言時間點，但內容卻提到了劉文淇的另一著作，《揚州水道記》。然而，《揚州水道記》乃道光十六年（1836）春，李蘭卿留揚侯代時，邀請劉文淇參與編纂。道光十七年（1837）劉文淇撰《揚州水道記》，同年九月，阮元爲《揚州水道記》作序。回顧《揚州水道記》成書的過程，應是起於道光

---

〔註33〕 劉建臻：《清代揚州學派經學研究》（揚州：揚州大學中國古代文學專業博士論文，2003年），頁115。筆者以爲，劉先生應在書中註解提供在南京圖書館所見書之詳細資料，以方便讀者查找。因爲筆者欲複查該條資料時，卻查無此書紀錄，著實遺憾。此外，劉先生極可能將〈序〉文寫作的時間與《考正》正式刊行的時間混淆。因爲在古代書籍刊刻時，是可能出現先寫〈序〉文，後再將書籍完成的情形。是故，將〈序〉文完成的時間視爲成書時間，可能仍有誤差存在。

〔註34〕 〔清〕劉毓崧：〈先行考略〉《通義堂文集》，卷六，頁304。〔清〕丁晏：〈皇清優貢生候選訓導劉君墓誌銘〉《揚州學派年譜合刊》（揚州：廣陵書社，2008年），頁686～687。

〔註35〕 〔清〕陳立：〈上劉孟瞻先生書〉《劉文淇集》，頁457。

十六、十七年間，是故推算《疏證》之長編的草稿應在當時已經粗具。

此外，同赴「金陵之約」者，尚有劉寶楠。然而，劉寶楠之《論語》新疏，並非待道光八年（1828）之後方才著手準備研究，梳理長編工作。然而，「重新替《十三經》作新疏」也非劉文淇首倡，他的舅父淩曙亦有此念。再者，根據劉建臻的研究，認爲道光八年（1828）劉文淇與劉寶楠之「二劉之約」，應爲「重約」各爲一部經書作新疏。〔註36〕

根據《左傳舊疏考正・序》記載，劉文淇是於嘉慶二十五年（1820）完成《左傳舊疏考正》，此年劉文淇三十二歲。倘若對照〈序〉文中，稱自己年已二十，方才讀《毛詩疏》的情形，當時劉文淇已經思考這個問題將近十二年。然而，試想這十餘年的時間，劉文淇的《左傳學》研究成果，應不僅止於《左傳舊疏考正》八卷。再者，道光十年（1830）劉文淇與沈欽韓的書信中，談及自己對作舊注疏證的看法，「鑽仰有年，草稿粗就」，並言「其以十年之功，或可成此」。〔註37〕是故，若以時間推斷，長編之編纂如果始於嘉慶二十五年（1820）後，至道光十年（1830）長編草稿粗就，其間僅有十年。〔註38〕如此一來，長編八十卷所需之時間，竟比《考正》八卷之用時還短，應是不至於如此。

雖然仍無法直接確定長編八十卷與《考正》八卷之成書時間先後，但是可知的是，劉文淇晚年與兒子劉毓崧一同參與校書、編纂之工作，故劉毓崧應是最清楚劉文淇學術工作細節之人。所謂長編「草創四十年」，劉毓崧應不至於有所誤解，劉文淇一生最重要的學術工作，在於成就《疏證》，而《考正》八卷，則是在主力研究之餘所輯。〔註39〕劉文淇於《考正・序》有言，是謂鉤稽《正義》中所藏劉炫說與劉炫所采故義，〔註40〕這與《疏證》著書目的，針對杜預所排擊者糾正之，所剿襲者表明之，其襲用韋氏者，亦一一疏記。是故，其二者之學術成果是相承一脈的，再次印證張舜徽先生《清儒學記・揚州學記》一文所言，劉文淇乃雙治《左傳》注、疏之學。〔註41〕

---

〔註36〕　劉建臻：《清代揚州學派經學研究》，頁209。

〔註37〕　〔清〕劉文淇：〈與沈小宛先生書〉《劉文淇集》，卷三，頁46～49。

〔註38〕　郭院林：《清代儀徵劉氏左傳家學研究》，頁94～104。

〔註39〕　〔清〕劉毓崧：〈先行考略〉《通義堂文集》，卷六，頁304。。

〔註40〕　〔清〕劉文淇：〈春秋左氏傳舊疏考正序〉《劉文淇集》，卷五，頁83～92。

〔註41〕　張舜徽：〈揚州學記〉，《清儒學記》（武漢：華中師範大學出版社，2005年），頁307～312。

# 第三節　《左傳舊疏考正》的體例

　　《左傳舊疏考正》八卷，前有沈欽韓、黃承吉及作者自序。卷一論究〈春秋序〉、隱公部分，計有十四則；卷二是隱公、桓公，計有十八則；卷三是莊公、閔公、僖公、文公，計有三十七則；卷四是宣公、成公、襄公，計有二十六則；卷五是襄公，計有三十一則；卷六是襄公、昭公，計有二十二則；卷七是昭公，計有二十二則；卷八是昭公、定公、哀公，計有二十則。然而，劉文淇之所以成《左傳舊疏考正》八卷，其目的在於證明《左傳正義》中的疏文，剿襲劉炫《春秋述議》刪改而成。是故，《左傳舊疏考正》之體例，乃先引一段經文、傳文，再者，引杜預《注》，次引「正義曰」，最後爲「文淇按」。這「文淇按」的部分，就是劉文淇辨證孔穎達「正義曰」的地方。例如：

　　　　宣公十二年《傳》：「其六曰：綏萬邦，屢豐年。」杜注：「其六，
　　　　六篇。綏，安也。屢，數也。言武王既安天下，數致豐年。此三、
　　　　六之數，與今《詩・頌》篇次不同，蓋楚樂歌之次第。疏云：「綏：
　　　　安」，〈釋詁〉文。「屢：數」，常訓也。杜以其三其六與今《詩・頌》
　　　　篇次不同，固爲疑辭。蓋楚「樂歌之第」，言楚之樂人歌《周頌》者，
　　　　別爲次第，故〈賚〉第三，〈桓〉第六也。

　　　　劉炫以爲其三、其六者，是楚子第三引「鋪時繹思」，第六引「綏
　　　　萬邦」，今刪定知非者，此傳若是舊文及傳家敘事，容可言楚子第三
　　　　引「鋪時繹思」，第六引「綏萬邦」，此既引楚子之言，明知先有三、
　　　　六之語，故楚子引之，得云「其三」、「其六」，若楚子始第三引《詩》，
　　　　第六引《詩》，豈得自言「其三曰」、「其六曰」，劉以「其三」、「其
　　　　六」爲楚子引《詩》次第，以規杜過，何辟之甚！

　　　　沈氏難云：「襄二十九年，季札觀樂，篇次不同。杜云仲尼未刪
　　　　定，此亦不同，而云「處樂歌之次」者，襄二十九年雖少有篇次不
　　　　同，大不甚乖越，故云「仲尼未刪定」，今〈頌〉篇次，〈桓〉第八，
　　　　〈賚〉第九也。

　　　　文淇按：「今刪定，知非者」至「以規杜過，何辟之甚」，乃唐
　　　　人駁劉之辭，餘皆光伯《述議》也。本作「炫以爲」，「劉」字乃唐
　　　　人所增。沈氏引襄二十九年注與此不同，特作一難而自解之，非難
　　　　杜也。唐人引沈説以難光伯，遂加一「難」字，一若沈氏之難光伯
　　　　者，而不知其有不通也。文阿卒時，光伯才二十歲，尚未著《述議》，

沈氏安得見光伯此書而難之也。唐人增損舊疏，不復細爲根尋，即
此一字之訛，奚啻六州之錯哉。〔註42〕

劉文淇的按語，根據前後引書之次序指出，既然沈氏後之「難」字爲唐人所
增，則沈文阿原無「難」字，並非駁他說而作，僅在申說杜注，並且其說與
劉炫並無關係，更非駁劉炫之詞。

劉文淇根據《左傳正義・序》，認爲孔穎達等人作疏文，亦釐清有三種撰
修體例。莊公六年《傳》：「夫能固爲者，必度於本末，而後立衷焉。不
知其本，不謀，知本之不枝，弗強」。劉文淇引疏文之後，按稱此疏文是劉炫
《春秋述議》所有，其根據即孔穎達作疏之體例：

知唐人先言己意，而引劉說在後，別爲一解者。孔〈序〉：「據劉炫
爲本，其有缺漏，以沈氏補焉，若兩義俱違，則特申短見」。是孔氏
只此三例也。〔註43〕

劉文淇根據《左傳正義・序》，認爲孔穎達修纂《左傳正義》僅此三原則：「據
劉炫」、「以沈氏補」、「申短見」，亦即劉炫說無缺漏，則不補，亦不申論。推
論此三義例，則孔穎達謹守杜預一家之言，以劉炫《春秋述議》申論杜注者
作爲疏文之底本，再以沈文阿之說，作補其缺漏，而不誤攻駁前說之訛誤。
如此一來，凡是疏文中有違杜預《注》之說法，以及攻駁前人之說者，劉文
淇均認爲是舊疏。如：卷一隱公元年，「贈死不及尸」爲例。

杜《注》：尸，未葬之通稱。

《正義》曰：《釋例》曰：「喪贈之幣，車馬曰賵，貨財曰賻，
衣服曰襚，珠玉曰含，然則總謂之贈，故《傳》曰：贈死不及尸也。」
然則此文雖爲賵發，其實賵、賻、含、襚，總名爲贈，但及未葬，
皆無所譏也。襚以衣尸，含以實尸，大斂之後，無所用之，既殯之
後，猶致之者，示存恩好，不以充用也。今贊曰：〈雜記〉：「弔含襚
賵臨之等，未葬則葦席，既葬則蒲席。」是葬後得行。此言緩者，《禮
記》後人雜錄，不可與傳同言也。或可初葬之後則可，久則不許。

文淇按：「今贊」二字，《正義》屢見，此非書名，蓋即孔序所
謂特申短見者也。據《唐書・孔穎達傳》，本號「義贊」，詔改爲「正

〔註42〕〔清〕劉文淇：《左傳舊疏考正》（臺北：復興書局，1972年），卷四，頁8675。
收入〔清〕王先謙輯《皇清經解續編》1430卷。
〔註43〕〔清〕劉文淇：《左傳舊疏考正》（臺北：復興書局，1972年）卷三，頁8660。

義」，此則改之未盡者耳。前則舊疏原文。〔註44〕

劉文淇之按語指出，「今贊曰」是孔穎達等人修纂《五經正義》時的修纂按語，所以書名初爲《五經義贊》，後因皇帝下詔而改爲《五經正義》，是「改之未盡」所留下的遺跡。又如僖公二十八年：

> 《經》：「晉侯入曹，執曹伯畀宋人。」杜注：「執諸侯當以歸京師，晉欲怒楚使戰，故以與宋，所謂譎而不正。」

> 正義曰：《傳》：「執曹伯，分曹、魏之田以畀宋人」，則田亦稱人，非爲斷獄，故云人也。若不使晉侯與宋公，自可改其畀名，何以名之爲畀，而使義不得與也。若與宋人，豈宋國卑賤之人，得獨受曹伯而治之乎？二《傳》之言皆不得合《左氏》，當以人爲眾辭，舉國而稱之耳。

> 文淇按：此光伯《述議》駁二《傳》以申《左氏》也。疏中駁二《傳》者不少，辭義辯博，皆當爲光伯語，但以姓氏俱經刪削，悉未錄出。讀者當以意求之，此則姓氏未經刪削者也。〔註45〕

此是《左傳正義》中僅作申論而不駁議之原則下，所得結論。劉文淇認爲在唐人「疏不破注」的情形之下，不應有攻駁前儒之言，是故認定疏中有駁斥前儒之文句，應屬於劉炫《春秋述議》之內容。

---

〔註44〕 〔清〕劉文淇：《左傳舊疏考正》，卷一，頁8646。
〔註45〕 〔清〕劉文淇：《左傳舊疏考正》卷三，頁8668。

# 第四章 《左傳舊疏考正》之內容

　　清代乃經學大盛之時代，清初至乾嘉時期學者，所累積的豐富研究成果，為清代經學的興盛，奠下堅實基礎。又戴震的學術也影響在揚州的學者們。戴震所提出「義由聲出」的訓詁觀點，啟發高郵王氏父子的訓詁事業。劉師培曾寫到：「及戴氏施教燕京，而其學蓋遠被，聲音訓詁之學傳於金壇段玉裁，而高郵王念孫所得尤精，典章制度之學傳于興化任大椿」。〔註1〕由劉師培之描述可知，王念孫、王引之父子，以及研究聲音訓詁之學的段玉裁，與專精典章制度之學的任大椿，皆是師承於戴震之學。

　　清代多數學者相繼以音韻、文字與訓詁學為方式，投入對經典的研究，其成果則包含：天文、算術、幾何、歷史、地理等方面的訓解。然而，揚州學者對《十三經注疏》是特別關注，其中又屬焦循、阮元二位著名學者。焦循有手批《十三經注疏》，並且有多部經學研究專著，以及焦氏父子所共同完成之《孟子正義》。〔註2〕此外，阮元則是少數揚州學者中仕途順利者，出任地方官職，在各地建立學術型的幕府，招募民間學人，共同投入校書、刻書與纂書的工作。而有《經籍纂詁》、校勘宋本《十三經注疏》，以及撰寫《十三經注疏校勘記》等大型的學術編纂活動。對於《十三經注疏》的研究與推廣，投入甚深。

〔註1〕　〔清〕劉師培：《近儒學術系統論》《中國現代學術經典 黃侃、劉師培卷》（石家莊：河北教育出版社，1996年），頁781。
〔註2〕　有關焦循手批《十三經注疏》之研究，請參見賴貴三：《焦循手批十三經註疏研究》（臺北：里仁書局，2000年）。此外，焦循尚稱著為《易》學之研究，有多部關於《易》學之研究流傳於世，如《雕菰樓易學三書》等書。請參見賴貴三：《焦循雕菰樓易學研究》（臺北：里仁書局，1994年）。

　　本章分爲三小節，以討論《左傳舊疏考正》之內容。首先，第一節綜述揚州先賢研究《十三經注疏》對劉文淇的影響。筆者將聚焦於焦循、阮元二位學者對《十三經注疏》之研究，並且進一步討論，劉文淇《左傳舊疏考正》中，對阮元《十三經注疏校勘記》資料引用的情形；第二節探討劉文淇《左傳舊疏考正》中的考正方法；第三節則是討論劉文淇《左傳舊疏考正》之於後世學者的評價與看法。

# 第一節　揚州學者研究《十三經注疏》

## （一）揚州學派之經學傳統

　　林師慶彰曾指出，揚州學者中較早注意到《十三經注疏》的，是焦循與阮元二位學者。〔註3〕首先，焦循手批《十三經注疏》之研究，是開啓於乾隆四十六年（1781）所購得的汲古閣本《十三經注疏》，在閱讀時的所逐經批校的筆記。

　　焦循手批《十三經注疏》研究之底本，乃是一向素稱精善的毛氏汲古閣刻本。然而，焦循通過逐一閱讀每部經書，並且批注筆記，尙與阮元《十三經注疏校勘記》作對照，其結果發現，所購得之毛氏汲古閣刻本，內容訛誤不少，又多脫頁錯文。是故，焦循手批毛本《十三經注疏》之成果，便成爲日後研究經學之基礎內容。例如：焦循手批《周易注疏》，乃是以唐代李鼎祚之《周易集解》爲本，討論漢、魏以來說《易》之法，並根據虞翻、荀爽、鄭玄等諸家說法抄錄，最後成爲焦循重要學術著作《雕菰樓易學三書》。再者，焦循另一項重要的學術著作，即《孟子正義》，其發端亦是手批《孟子注疏》的延伸。此外，焦循並無《爾雅》相關著作流傳於世，是故，更顯示手批《爾雅注疏》的學術價值。

　　焦循與阮元乃姻親族兄弟關係，早年便熟識且交往密切。〔註4〕焦循有手

---

〔註3〕林慶彰：《清代經學研究論集》，頁463～464。

〔註4〕因阮元與焦循有姻親關係，故爲二人舊識。然而，因焦循應試多次落榜，但阮元位居地方學政，掌有資源，故將焦循延攬入府，從事編書、校書、刻書之工作。參考尚小明：《學人游幕與清代學術》（北京：社會科學出版社，1999年）。此外，根據尚小明編：《清代士人游幕表》（北京：中華書局，2005年），頁138。整理焦循的游幕經歷，共計有五次，且多次前往阮元幕府。分別爲：乾隆六十年（1795）春應山東學政阮元之招赴山東；同年冬至嘉慶元年（1796）客阮元浙江學政幕；嘉慶五年（1800）冬至隔年底客阮元浙江巡撫幕；嘉慶

批《十三經注疏》，以校勘的角度出發，討論毛氏汲古閣刊本內容訛誤與疑義之處。如此一來，正突顯《十三經注疏》在歷經長期的文獻刊刻、流傳之下，所造成文字錯誤以及脫頁的情形。即便是一向以版本精良注稱的毛氏刻本，也是如此。然而，讀書需求善本，有精善的版本，方能求得經義。是故，求善本、重校勘，可說是清儒治學的第一要務。因此，阮元重新刊刻宋本《十三經注疏》附校勘記，延續揚州學者對《十三經注疏》之研究關注，具有關鍵性的作用。

阮元於嘉慶六年（1801）擔任浙江巡撫，建立詁經精舍。而其中，讓學員討論的學術議題之一，便是〈唐孔穎達五經正義得失論〉，今《詁經精舍文集》卷六收有關於此一論題的作文五篇。其次，阮元延聘段玉裁、顧廣圻等人校勘《十三經注疏》，後來完成《十三經注疏校勘記》二百四十二卷。又嘉慶二十年（1815）阮元調任浙江巡撫，開始纂刻《十三經注疏》。全書篇幅浩大，直至阮元調任至江西巡撫時，方才竣工，即目前傳世的嘉慶二十年（1816）南昌府學本。

阮元之從弟阮亨（1783～1859）著有《瀛舟筆談》，其中有一段文字描述阮元治學的過程與學術成就。

> 予兄早歲能文章，由摯經義，嘗手校《十三經注疏》。二十四歲，撰〈車制圖解〉，辨正車耳反出軹前十尺等事，爲江永、戴震等所未及發。此外如〈封禪〉、〈明堂〉、〈一貫〉、〈南江〉、〈樂奏〉、〈皇父〉、〈釋且〉諸篇，皆獨契往古，發前人所未發。至於《十三經注疏校勘記》、《經籍籑詁》、《疇人傳》、《金石志》等書，篇帙浩繁，皆自起凡例，擇友人弟子分任之，而親加朱墨，改訂甚多。自言入翰林後，即直內廷，編定書畫，校勘《石經》。旋督學館部，領封疆，無暇潛研。故入官以後，編纂之書較多，而沈精覃思，獨發詁誼之作甚少，不能似經生時之專力矣。然所作《曾子十篇注釋》，則時時自隨，凡三易稿。此中發明孔曾博學、難易、忠恕等事，與《孝經》、《中庸》相表裡。而訓「一貫」之貫爲行事，尤爲古人所未發。昔人以主靜、良知標其學目。一貫之說，亦爲創論。〔註5〕

---

七年（1802）再客阮元浙江巡撫幕，冬歸；嘉慶十年（1805）應揚州太守伊秉授聘。

〔註5〕〔清〕阮亨：《瀛舟筆談》十二卷（清嘉慶庚辰年（1820）刊本），卷七。

阮元一生編纂、刊刻許多經學著作，影響深遠。同時，阮元也是清代學者中，少數有功名且任要職之人。阮元曾先後出任山東學政、浙江巡撫、福建巡撫、江西巡撫、河南巡撫、兩廣總督、雲貴總督等職。此外，亦是朝廷中少數仍從事學術研究的學者官員，在地方成立學術幕府，招募幕賓從事校書、編書、刻書之工作。如同阮亨所形容，阮元每每成就一部篇幅繁浩的學術專著，都得仰賴幕府之幕賓分擔。然而，阮元任官之處，所發起的編纂活動，也興起一股學術風尚，影響著眾多民間學者的治學方法與理念。

阮元在擔任浙江巡撫時，曾主持編纂一部大型工具書《經籍籑詁》，延請臧庸、嚴傑、陳鱣、周中孚、楊鳳苞等學者，將漢、唐以來諸家注說，包含經、史、子、集中重要著作之舊注，以及漢代以來各種字書之解釋，一併集合整理，為研究者提供了極大的便利，使學人在訓解經書時，能夠方便查閱歷來字義之注說情形。此外，阮元出任江西巡撫時，又集段玉裁、徐養原、嚴傑、顧廣圻、臧庸、李銳等學者之力，刊刻宋本《十三經注疏》。阮元所采之注文乃唐人之前所作；疏文則包含唐、宋人之作，書後並附《十三經注疏校勘記》。是故，阮元對於《十三經注疏》的相關研究是不遺餘力。

## （二）揚州學派之治學風尚

張舜徽先生曾在《清代揚州學記》中指出：「余嘗考論清代學術，以吳學最專，徽學最精，揚州之學最通」，〔註6〕形容揚州學派的治學特色。而劉文淇之子劉毓崧，則是將揚州學人所從事的學術研究，作清楚的概括綜述：

> 其深於經學者，由名物象數以會通典禮制度之原，而非專己守殘，拘虛於章句之內也。其深於小學者，由訓詁聲音以精研大義微言之蘊，而非僅貪常嗜瑣，限迹於點劃之間也。其深於史籍之學者，究始終以辨治亂之端倪，核本末以察是非之情實，而非僅好言褒貶，持高論以自豪也。其深於金石之學者，考世系官階，以補表傳遺缺；驗年月地理，以訂紀志舛訛；而非僅夸語收藏，聚舊拓已自喜也。其深於古儒學家者，法召公之節性，宗曾子之修身，以闡鄒魯論仁之訓，而非若旁采釋氏，矜覺悟已入於禪也。其深於諸子書之學者，明殊途之同歸，溯九流之緣起，以証成周教士之官，而非若偏嗜老莊，崇虛無以失於誕也。其深於駢散體文之學者，奉《易‧文言》

爲根柢，《詩‧大序》爲範圍，《春秋》內外傳爲程式，以鎔鑄秦漢
後之文，而非若詰屈以爲新奇，空疏以爲簡洁也。其深於古近體詩
之學者，尋風騷之比興，樂府之聲情，選樓玉臺之格調，以化裁隋
唐後之詩，而非若淺率以爲性靈，叫囂以爲雄肆也。〔註7〕

劉毓崧由八個不同學術研究領域，有經學、小學、史籍、金石、古儒學、諸
子書、駢散體文、古近體詩等，將清代揚州地區學者的治學特色以及成就梳
理闡述。特別是經學、小學二項，將清代學者訓經、解經的目的清楚說明。
清儒欲通過對名物、象數的考究，進一步了解上古禮制、制度之原意。藉由
透過訓詁、聲韻之學，成爲研究經典的大義之法。

　　身爲揚州學人之一的阮元，其治學延續著揚州先賢特色，可謂廣博也。
對於經史、小學、天算、輿地、金石、校勘等皆有所闡發。今人章權才先生
指出，阮元的治學方法，乃是繼承自顧炎武、戴震而來的。〔註8〕即是由字而
通詞，由詞而明道的方法，或說由訓詁字義以明義理的治學方法。阮元爲此
曾寫到：

聖人之道，譬若宮牆，文字訓詁，其門徑也。門徑苟誤，踥步皆岐，
安能升堂入室乎？學人求道太高，卑視章句，譬猶天際之翔，出於
豐屋之上，高則高矣，户奧之間，未實窺也。或者但求名物，不論
聖道，又若終年寢饋於門廡之間，無復之有堂室矣。是故正衣尊視，
惡難從易，但立宗旨，即居大名，此一蔽也；精校博考，經義確然，
雖不窬閑，德便出入，此又一蔽也。〔註9〕

阮元將求聖人之道與考據之學的關係緊密結合，阮元認爲，欲知曉經義，必
先以考據之道求出，倘若無此爲第一步驟，更別談當堂入室，了解與掌握古
聖先賢所言之道理。因此，阮元在浙江設立「詁經精舍」，其用意在於直接帶
領更多青年學子，投入漢學研究，以提倡「詁經」爲治經之方法。〔註10〕阮
元於《西湖詁經精舍記》中寫到：「精舍者，漢學生徒所居之名；詁經者，不
忘舊業且勸新知也」。然而，「經」爲何需要「詁」？阮元認爲，乃是因爲道

〔註7〕〔清〕劉毓崧：〈吳禮北竹西求友圖序〉《通義堂文集》，卷九，頁366～368。
〔註8〕章權才：〈阮元與清代經學〉《清代揚州學術》（臺北：中央研究院中國文哲研
究所，2005年）下冊，頁541～554。
〔註9〕〔清〕阮元：〈擬國史儒林傳序〉《揅經室集》一集（收入《百部叢書集成》（臺
北：藝文印書館，1967年），卷二，葉1～2。
〔註10〕趙航：《揚州學派概論》（揚州：廣陵書社，2003年），頁147。

存於經，經非詁不明，而漢人之詁去聖賢之為近，應當整理、爬梳漢人對典籍的訓釋。故阮元曾言：

> 竊謂士人讀書當從經學始，經學當從注疏始，空疏之士高明之徒，讀注疏不終卷而思臥者，是不能潛心研索，終身不知有聖賢諸儒經傳之學矣。至於注疏諸義，亦有是有非，我朝經學最盛，諸儒論之甚詳，是又在好學深思，實事求是之士，由注疏而推求尋覽之也。〔註11〕

阮元治經，秉持實事求是之宗旨，並非株守漢代經師訓詁，亦不為鑿空之談，此為多數乾嘉時期之學者所秉持的研究準則。然而，劉文淇身處在此學風之中，也承襲著這般態度，為自己治學的信念，是當時多數學人共同之治學特徵。劉文淇所著《青溪舊屋文集》中，可見其為他人作序、跋時，所慣用之評語即「實事求是」，這也說明此四個字對於劉文淇影響之深。

劉文淇代阮元為張穆著作《魏延昌地形志》作序時，指出張穆有鑒於魏收所撰的《魏書·地形志》二卷太為簡略，而且所記錄的郡縣並無記載北魏孝武帝全盛時期，而是北魏分裂後東魏時期的狀況。而張穆之作對此作了極大之改進，能有「博采旁稽，重視釐訂，凡古書及金石遺文有涉及魏書者，必詳采之……今並考其興廢及見今情形，冀後來者有所取法」。故此，劉文淇最後所下的評價就是「洵為實事求是之書」。〔註12〕此外，劉文淇論朱茋汀所寫的《夏小正正義》，亦言「實事求是，不主故常，洵有功于經學也」。〔註13〕

此外，劉文淇與黃承吉為亦師亦友，是黃承吉為學多有創新，作《文說》多篇，以考證揚雄與班固誣蔑司馬遷的緣由，並指出班固誣蔑司馬遷之事遠過揚雄。對於司馬遷受誣之史實，黃承吉一一加以辨正，表彰司馬遷不遺餘力。劉文淇為黃承吉《文說》作序，亦讚之為實事求是。〔註14〕

### （三）比較《考正》與《十三經校勘記》之內容

張舜徽先生曾稱呼阮元為「乾嘉學派的巨擘」，其化身為清代漢學的「護法神」，對於乾隆末年，至嘉慶、道光時期的學者，有著深遠的影響。〔註15〕

〔註11〕〔清〕阮元：〈江西校刻宋本十三經注疏書後〉《研經室集》三集，卷二，葉16～17。

〔註12〕〔清〕劉文淇：〈魏延昌地形志序〉《劉文淇集》卷五，頁105～107。

〔註13〕〔清〕劉文淇：〈朱茋汀夏小正正義序〉《劉文淇集》卷五，頁80～81。

〔註14〕〔清〕劉文淇：〈夢陔堂文說序〉《劉文淇集》卷六，頁117～120。

〔註15〕張舜徽：《清代揚州學記》，頁152。

其創建的「詁經精舍」，延聘知名漢學家王昶、孫星衍講學，後更匯集優秀學員之論文，刊有《詁經精舍文集》。再者，阮元聘用段玉裁、顧廣圻等人，校勘宋本《十三經注疏》，並完成《校勘記》。

郭院林指出，劉文淇的兩部《左傳》學著作，《左傳舊疏考正》、《左傳舊注疏證》，其內容多吸收阮元《校勘記》之成果。〔註16〕不過，郭院林並無詳細的分析與討論。也並無指出這兩部著作對於阮元《校勘記》內容之「吸收」情形為何，比例為多少等更深入的討論。此外，郭院林所指「吸收」一詞，其義稍顯籠統，也並無確切的說明，其「吸收」所指為劉文淇對阮元《校勘記》內容的繼承，又亦或是劉文淇在阮元《校勘記》的基礎之上，而有所突破。故筆者今試圖分項舉例，是將阮元《校勘記》置於前，而劉文淇《考正》置後，討論比較之。

### 1. 春秋（左氏）序

對於〈春秋序〉是否再加上「左氏」二字，阮元《校勘記》與《考正》有不同解讀。

> 左氏傳三字原無，阮元校：唐石經及宋本並作「春秋左氏傳序」，案孔氏《五經正義》云：晉、宋古本及今本併云「春秋左氏傳序」，今依用之。是正義本有「左氏傳」三字，此作「春秋序」，承陸氏《釋文》所題也。〔註17〕

阮元《校勘記》依據不同版本之間的比較，最後決定依用陸德明《釋文》所題。

> 文淇案：《釋文》出「春秋序」三字，云本或題為《春秋左氏傳序》者，沈文阿以為〈釋例序〉，今不用。疏中所云南人，即指沈文阿等。孔沖遠〈序〉云：據劉炫為本，則此〈序〉亦必據劉炫矣。注〈春秋序〉者，古來單行。《隋書·經籍志》云：劉寔等《集解春秋序》一卷、賀道養《注春秋左傳》、杜預《序集解》一卷。劉炫注是則劉注本自單行，唐人引以列集解之端耳。包君慎言云：撰《正義》時南北混同，不必別之為南人，自可如《釋文》載其姓名，今

---

〔註16〕郭院林：《清代儀徵劉氏《左傳》家學研究》，頁41。

〔註17〕〔清〕阮元等校刻：《十三經注疏附校勘記·春秋左傳注疏校勘記》（北京：中華書局，1980年），據阮刻本影印，冊2，卷一，頁1710。

劉文淇《左傳舊疏考正》研究

不載其名姓，而直云南人，此亦爲舊疏之一證也。〔註18〕

劉文淇《考正》則是注意到此條《正義》疏，其中所言「南人」一詞，應是南北朝時期南方學者沈文阿等人之作。而又以《左傳正義·序》孔穎達所言，《正義》乃據劉炫《述議》爲底本，是故推斷〈春秋序〉應亦爲據劉炫。再者，《正義》所編纂之時已是初唐年間，南北統一，應不在有南、北之分，故據此判斷爲舊疏證據之一。

2. 襄公三十一年《傳》曰：「寡君使匄請命」。

> 明翻岳本「匄」作「匃」。《釋文》作「丐」。正義云：「晉、宋古本及《釋例》皆作『丐』，俗本作『匄』。此士文伯是范氏之別族，不昇與范宣子同名，今定本作『匄』，恐非」。據此則正義本作「丐」字也。〔註19〕

阮元《校勘記》依據乃從《正義》之說，認爲士文伯爲范宣子之別族，故不應與之同名，是改爲「丐」字較爲恰當。

> 文淇案：《釋文》出「寡君使丐」。云：本又作「匄」古害反。士文伯名也。今傳本皆作此字，或作正字。《釋例》亦然。解者云：士文伯是范氏之族，不應與范宣子同名，作「丐」是也。案，是文伯字伯瑕，又春秋時人名字皆相配。楚令尹陽丐，字子瑕，即與文伯名字正同。又鄭有駟乞字子瑕。「匄」與「乞」義同，則作「匄」者是。又案，魯有仲嬰齊，是莊公之孫。又有公孫嬰齊，是文公之孫，仲嬰齊於公孫嬰齊爲從祖，同時同名。鄭有公孫段，字子石。又云伯石印段，字子石。傳文謂之二子石，然印段即公孫段從父兄弟之子，尚同名字。伯瑕與宣子何廢同乎？《釋文》所謂解者云，士伯是范氏之族，不應與范宣子同名，即指疏說。陸氏書作於陳時，辛於唐武德末年，所引必是舊疏。且疏謂定本作「匄」，恐非。《釋文》云：今傳本皆作「匄」而以作「匄」爲是。是從定本矣。陸氏豈及見唐定本，乎必不然矣。〔註20〕

劉文淇舉多位春秋時期人物爲例，說明他們不但出身自同一個大家族，名字

〔註18〕〔清〕劉文淇：《左傳舊疏考正》卷一，頁8638。
〔註19〕〔清〕阮元等校刻：《十三經注疏附校勘記·春秋左傳注疏校勘記》，卷40，冊2，頁2018。
〔註20〕〔清〕劉文淇：《左傳舊疏考正》卷六，頁8701。

也極相似。是故，劉文淇認爲並無因爲同族，而有需要改姓名之必要。再者，劉文淇指出，陸德明之《經典釋文》作於南朝陳，而陸德明本身又卒於唐代武德末年，故《經典釋文》中所引必爲舊疏。此外，劉文淇也認爲《經典釋文》所稱之定本，非唐代顏師古所校定之本。

### 3. 昭公六年《傳》曰：「士匄相士鞅逆諸河」。

> 《釋文》云：今傳本皆作「士匄」，古本或作「王正」，董遇、王肅本亦作「王正」。陸德明、孔穎達皆以「王正」爲是。穎達以《釋例》作「王正」爲證，然則杜注當本是「王正」，晉大夫也。〔註21〕

阮元《校勘記》依據《經典釋文》，認爲將「士匄」改「王正」較妥。

> 文淇案：《釋文》「出士匄」云古害反，本或作「丐」。相，息亮反。士鞅，於丈反。今傳本皆作「士匄相士鞅」。古本「士匄」或作「王正」。董遇、王肅本同學者，皆以「士匄」是范宣子，即士鞅之父，不應取其父同姓名，人以爲介。今傳本誤也。依「王正」是爲「王元」，規云古人質口不言之耳。何妨爲介也。案士文伯是士鞅之族，亦名匄，無妨。今相范鞅即文伯也。然是文伯名，古本或有作「丐」者解，見前卷襄三十一年。《釋文》所云不應取其父同姓名，人以爲介，即疏說也。其爲舊疏無疑。王元規有《續春秋義略》又作《春秋音》。《釋文》引元規說，或即《續義略》也。元規所言亦駁疏說，疏言不應取其父同姓名人以爲介。元規謂古人質，何妨爲介，是亦不從疏說，其爲舊疏，不益明乎！〔註22〕

劉文淇以王元規的說法爲依準，指出古人應不以同族同名之事爲介，並且認爲王元規之說是爲駁舊疏之說法。而陸德明《經典釋文》則是引舊疏之說，孔穎達襲用之。

### 4. 昭公二十年《傳》曰：「齊侯疥，遂痁」。

> 《顏氏家訓‧書證篇》引作「齊侯痎，遂痁」。又云：「世間傳本多以痎爲疥，杜征南亦無解釋。徐仙民音介，俗儒就爲通，云病疥令人惡寒變而成痁，此臆說也」。《正義》引袁狎云：「疥當爲痎」。《釋文》云：「疥，舊音戒。梁元帝音該，依字則當作痎。《說文》

〔註21〕 〔清〕阮元等校刻：《十三經注疏附校勘記‧春秋左傳注疏校勘記》，卷43，冊2，頁2047。

〔註22〕 〔清〕劉文淇：《左傳舊疏考正》卷六，頁8708。

云：兩日一發之瘧也。痎又音皆，後學之徒僉以疥字爲誤。案傳例
因事曰遂，若痎已是瘧疾，何爲復言遂痁乎？」諸本及定本作「疥」
是也。《說文》引傳亦作「疥」。段玉裁曰：「仙民之音，孔沖遠之説，
是也。凡改疥爲痎者，皆所謂無事而自擾」。〔註23〕

阮元《校勘記》依據《顏氏家訓・書證篇》、《經典釋文》與《說文》之看法，
認爲「疥」爲確。《校勘記》後有段玉裁之說，其直言認爲無必要改「疥」爲
「痎」者。

　　文淇案：《釋文》：「疥」舊音「戒」。梁元帝音該依字則當作「痎」。
《說文》云：兩日一發之瘧也。「痎」音「皆」。後學之徒，僉以「疥」
字爲誤。案傳例因事曰：「遂若痎，已是瘧疾，何爲復言遂痁乎」？
陸氏所云後學之徒即指疏說，而以作「疥」爲勝，是不從疏說也。
陸氏不見唐人《正義》，此必舊疏矣。舊疏以作「痎」者勝。其引徐
音定本在後，亦不謂當作「疥」也。段玉裁云：仙民之音，沖遠之
說是也。凡改「疥」爲「痎」者，皆所爲無事自擾。無論疏非沖遠
之筆，且疏說亦不以作「疥」，是段氏誤讀也。〔註24〕

劉文淇則是指出，陸德明《經典釋文》中所言「後學之徒」，所指爲舊疏，是
故以「疥」爲勝，是不從疏說。

### 5. 昭公二十年《傳》曰：「出入周疏以相濟也」。

　　定本「疏」作「流」。《釋文》云：「傳本皆作「流」正義所謂俗
本是也」。陸氏又云：「古本有作「疏」。案注訓周爲密，則與疏相對，
宜爲疏耳」。〔註25〕

阮元《校勘記》依據《經典釋文》，認爲以字義而言，「周」訓爲密，是故與
「疏」字義相對。

　　文淇案：《釋文》出周疏云：傳本皆作「流」，然此五句皆相對，
不應獨作周流。古文有作「疏」者。案注訓周爲密，則與疏相對，
互爲疏耳。據此，知疏定本即《釋文》所謂傳本也。《釋文》亦用疏
說，而以作「流」者非，則定本必非師古所定之本。而此爲舊疏無

〔註23〕〔清〕阮元等校刻：《十三經注疏附校勘記・春秋左傳注疏校勘記》卷四十
　　　　九，冊2，頁2096。
〔註24〕〔清〕劉文淇：《左傳舊疏考正》卷七，頁8718。
〔註25〕〔清〕阮元等校刻：《十三經注疏附校勘記・春秋左傳注疏校勘記》卷四十
　　　　九，冊2，頁2096。

可疑者。〔註26〕

劉文淇認爲，《經典釋文》所引用之「傳本」，應是南北朝以來的定本。又此定本非唐代顏師古所校之本，是故確定爲舊疏。

由筆者之文獻比對，可發現到，劉文淇之《考正》利用的資料引文，與阮元《校勘記》相去不遠，多以《經典釋文》、《正義》之說爲論述基礎。但是，劉文淇對於阮元《校勘記》的成果，若稱之爲「吸收」，恐怕還有待廓清之空間。劉文淇是身處於揚州學人的經學傳統之下，利用先賢所留下的研究成果，再更進一步分析文獻，已突破原有的校勘基礎，在《正義》的文字中，尋找可能爲南北朝舊疏之說。是再將揚州學人研究《十三經注疏》的成果，往前繼續推進。是劉文淇以釐析《左傳正義》之文句，一方面試圖回顧南北朝經學研究之情形。此外，也突破阮元《校勘記》，利用各版本比勘文字的校勘方法，藉由分析《正義》之文字脈絡，發展出自己歸屬舊疏文字的考正方法。

## 第二節　《左傳舊疏考正》考正方法

目前完整討論劉文淇《左傳舊疏考正》考正方法，有林師慶彰、陳秀琳、郭院林與曾聖益等先生。林師慶彰《清代經學研究論集》，其中收入〈劉文淇《左傳舊疏考正》研究〉，歸納爲以下三項：從《正義》引書判定疏文的歸屬、從上下文易判定疏文歸屬、從不同書的文字雷同判定疏文歸屬等。陳秀琳〈評劉文淇《左傳舊疏考正》〉一文，分析劉文淇之《左傳舊疏考正》如何釐清舊疏的觀點作出梳理。將之分有三類：一爲從《正義》文面可以直接得到根據的情況；二爲據《正義》上下文，案其語意、文勢來推測之所自出；三爲情況涉及理論，即劉文淇歸納各種具體情況而得到理論認識。郭院林之博士論文《清代儀徵劉氏《左傳》家學研究》，歸納有：直接法、本證法、他證法、目錄法、史證法、版本法、矛盾法、文理法與理證法等九項，歸納《考正》之方法。曾聖益之博士論文《儀徵劉氏春秋左傳學研究》將《左傳舊疏考正》八卷一百九十五條目，參考前人研究，並且歸納爲九原則，有：以本書前後互證、以他書參證、以文理論定、以疏文之論述過程論定、以疏文之用語論定、以《左傳正義》之引書論定、據疏文與杜說之從違論定、據疏文徵引之

---

〔註26〕　〔清〕劉文淇：《左傳舊疏考正》卷七，頁8719。

劉炫說而判定、以疏文徵引之定本分辨等方法，說明劉文淇分辨《春秋正義》舊疏之方法。然而，四位先生所歸納出的方法不盡相同，卻也相去不遠。今再次彙整四位先生研究成果之餘，希冀能有所補充。筆者將劉文淇《左傳舊疏考正》考正方法，分為七大項，有：本校法、他校法、以時代專用語詞考正、以疏文論述方式考正、以引書考正、以上下文意考正、以定本考正等項目討論之。

## （一）本校法

陳垣先生有言：「本校法者，以本書前後互證，而決摘其異同，則知其中之謬誤……此法於未得祖本或別本之前，最宜用之」。〔註27〕陳垣先生指出，倘若一書無異本，或雖有異本而以對校方法無法解決，便可使用本校法。根據管錫華先生《漢語古籍校勘學》，知本校法，乃是據上下文來校正古書文字訛誤的一種方法之一。〔註28〕即是利用本書、本篇文字的對應關係，進行校勘。故劉文淇亦是由《左傳正義》之內容找尋互有關連之文字證據，以證明之。

1.隱六年《傳》：「翼九宗五正頃父之子嘉父，逆晉侯于隨」。

隱六年《傳》：「翼九宗五正頃父之子嘉父，逆晉侯于隨」。

《正義》曰：「唐叔始封，受懷姓九宗，職官五正者，謂周成王滅唐，始封唐叔，以懷氏一姓九族，及是先代五官之長子孫賜之。言五官之長者，謂於殷時為五行官長，今褒寵唐叔，故以其家族賜之耳。今云頃父之子嘉父者，以頃父舊居職位，名號章顯，嘉父新為大夫，未甚著見，故繫之於父。諸繫父為文者，義皆同此也」。〔註29〕

文淇案：「此舊疏也。知然者，此云：『五官之長』，謂于殷時為五行官長，定四年《疏》引〈曲禮〉『司徒、司馬、司空、司寇』之五官解之，與此不同。彼《疏》劉光伯又引或說：『五官之長，如昭二十九年蔡墨所云：五行之官長』，而極詆其說，謂天子豈得以五行官長賜諸侯，然則此《疏》謂為五行官長，必非唐人之筆」。〔註30〕

〔註27〕陳垣：《校勘學釋例·校法四例》（北京：中華書局，1959年），頁119。
〔註28〕管錫華：《漢語古籍校勘學》（成都：巴蜀書社，2003年），頁163～164。
〔註29〕〔清〕阮元等校刻：《十三經注疏附校勘記·春秋左傳注疏》卷4，冊2，頁1731。
〔註30〕〔清〕劉文淇：《左傳舊疏考正》卷二，頁8650。

此疏劉文淇分析與定公四年《傳》疏相較，二說解釋「五官之長」卻有不同說法。而後劉炫《述義》又引昭公《傳》二十九年疏，以證《左傳正義》說法反覆，使人無所適從。

2.莊二十二年《傳》：「初，懿氏卜妻敬仲」。

　　莊二十二年《傳》：「初，懿氏卜妻敬仲」。

　　《正義》曰：「《曲禮》文也。《周禮》：『大卜掌三兆之法：一曰玉兆，二曰瓦兆，三曰原兆。其經兆之體，皆百有二十，其頌皆千有二百』。鄭玄云：『兆者，灼龜發於火，其形可占者，其象似玉、瓦、原之璺鏬，是用名之焉。原，原田也。頌，謂繇也，每體十繇』。然則卜人所占之語，古人謂之爲繇，其辭視兆而作，出於臨時之占，或是舊辭，或是新造，猶如筮者引《周易》，或別造辭，卜之繇辭，未必皆在其頌千有二百之中也。此傳『鳳凰于飛』下盡『莫之與京』；襄十年傳稱衛卜禦寇，姜氏問繇，曰『兆如山陵，有夫出征，而喪其雄』；哀九年傳稱晉趙鞅卜救鄭，遇水適火，史龜曰『是謂沈陽，可以興兵，利以伐姜，不利子商』，三者皆是繇辭，其辭也韻，則繇辭法當韻也。郭璞撰自所卜事，謂之『辭林』其辭皆韻，習於古也」。〔註31〕

　　文淇案：「此云繇辭法當有韻。哀十七年劉炫云：『卜繇之辭，文句相韻』，與此疏合。彼疏孔沖遠駁劉光伯，云：『繇辭之例，未必皆韻』，與此疏違。則此非唐人筆也」。〔註32〕

此疏劉文淇分析，以莊公二十二年《傳》疏相較，於此劉炫云「相韻」。但卻在哀公十七年《傳》疏，孔穎達又駁劉炫說，言「未必皆韻」，故二者說法矛盾。

3.文十三年《傳》：「其處者爲劉氏」。

　　文十三年《傳》：「其處者爲劉氏」。

　　《正義》曰：「討尋上下，其文不類，深疑此句或非本旨。蓋以爲漢是初興，捐棄古學。《左氏》不顯于世，先儒無以自申。劉氏從秦從魏，其源本出劉累，插注此辭，將以求媚于世」。

〔註31〕〔清〕阮元等校刻：《十三經注疏附校勘記‧春秋左傳注疏》卷9，冊2，頁1775。

〔註32〕〔清〕劉文淇：《左傳舊疏考正》卷三，頁8662。

文淇案：此疏未著何人之說，無以知爲光伯語。及檢襄二十四
年《傳》：「在周爲唐杜氏」，疏云：「炫于『處秦爲劉』，謂非丘明
之筆；『矛書唐杜』，不信元凱之說」。則前疏爲光伯語，顯然可見。
〔註33〕

劉文淇指出，因爲疏文是不可能有二說的。因此，在此編纂的前提之下，若
已經明確寫出爲何人所說，則當然可作爲直接推斷的證明。此疏劉文淇分析，
文公十三年《傳》疏中，所言不知爲何人說法。但再對照襄公二十四年《傳》
疏之內容，即可明白文公十三年《傳》疏，乃爲劉炫說法。

## （二）他校法

陳垣先生有言：「他校法者，以他書校本書。凡其書有採自前人者，可以
前人之書校之；有爲後人所引用者，可以後人之書校之；其史料有爲同時之
書所並載者，可以同時之書校之。此等校法，範圍較廣，用力較勞，而有時
非此不能證明其訛誤」。〔註34〕然而，劉文淇考正《左傳正義》之方法，尚利
用其他來自《五經正義》之資料，作共同檢驗之。

1.隱公十一年《傳》：「而討寫氏有死者」。

隱公十一年《傳》：「而討寫氏有死者」。

《正義》曰：「劉炫云：『羽父遣賊弒公，公非寫氏所弒。公在
寫氏而死，遂誣寫氏弒君，欲以正法誅之。君非寫氏所弒，故討寫
氏之家，僅有死者而已，言不總誅之』」。

文淇案：「此光伯《述議》語。宋本無『正義曰』三字。當是相
傳舊本偶漏增耳。此亦足見唐人將舊疏姓名削去，易爲『正義曰』，
此偶漏削也」。〔註35〕

此疏劉文淇將隱公十一年《傳》疏之文，與宋本對照，經過文獻比對，發現
宋本並無「正義曰」三字。據此，劉文淇推斷此乃唐人將舊疏之姓名刪削。

2.桓公十六年《經》：「冬城向」。

桓公十六年《經》：「冬城向」。

文淇案：「今以爲〈周語〉之文以下乃唐人駁光伯之辭，前皆光
伯語也。光伯先申杜義而後駁之，本作「炫以爲」。「劉規過」三字

---

〔註33〕〔清〕劉文淇：《左傳舊疏考正》卷三，頁8671。
〔註34〕陳垣：《校勘學釋例·校法四例》（北京：中華書局，1959年），頁120。
〔註35〕〔清〕劉文淇：《左傳舊疏考正》卷二，頁8653。

唐人所增，使若前爲己說耳」。劉云《春秋》城楚秋是正月，與《詩》作于楚宮在同月。孔以爲諸侯城楚秋自在正月，衛人初爲宮室，必在其前。今按《詩‧鄘風》疏云：『此定之方中，小雪時，則在周十二月矣』。《春秋》：『正月城楚秋』。《穀梁傳》曰：『不言城衛』。衛未遷則諸侯先爲之城，其城文公乃於其中營宮室也。建城在正月，則作室亦在正月矣，而云得時者，《左傳》曰：『凡土功，水昏正而栽，日至而畢』。則冬至以前皆土功之時。以曆校之，僖二年閏餘十七，則閏在正月之後，正月之初，未冬至故爲得時也。《詩疏》所言與劉義合，與孔說達。《詩疏》亦以爲劉炫爲本，足知《詩疏》亦爲光伯筆也。〔註36〕

《毛詩正義》引《穀梁傳》、《左傳》的說法，探討在「向地」築城的時間點。其說與劉炫說相合。卻又與孔穎達駁劉炫規杜之說不同。是故，可知《毛詩正義》、《左傳正義》之疏文，應同出自劉炫之手。

3. 襄公二十五年《傳》：「入于其宮，不見其妻，凶。無所歸也」。

　　襄公二十五年《傳》：「入于其宮，不見其妻，凶。無所歸也」。

　　　　文淇案：「此光伯《述議》語。前則舊疏原文，劉與舊說異。〈繫辭〉疏云：『〈困〉之六三，履非其地，欲上干于四，四自應初，不納于己，是困於九四之石也。三又乘二，二是剛陽，非己所乘，是下向據于九二之蒺藜也』。劉說與之合。《易疏》據何妥、張譏等爲本，亦非盡唐人之筆，故往往不合也。孔穎達〈周易序〉論爻辭誰作，云：「韓宣子見《易象》曰：『吾乃知周公之德』」。引以爲周公作爻辭之證。彼以周公之德爲歎《易象》，與《左氏疏》達。則此非沖遠語也。夫《書疏》宗孔，《詩疏》宗鄭，一人之說，彼此互異，蓋由各從其家，故可各執一說。若王弼初不論爻辭何人所作，沖遠則自抒己見，何由不顧《左氏疏》文而歧異若此，足知此疏非沖遠筆矣。〔註37〕

因《毛詩正義》與《左傳正義》有文義相通者，是故據此推斷上、下文是出自劉炫《述議》。然而，劉文淇於此疏指出，襄公二十五年《傳》疏，引〈困卦〉六三，而《左傳正義》的說法卻前後不同，故之非出於一人之手筆。再

---

〔註36〕　〔清〕劉文淇：《左傳舊疏考正》卷二，頁8658。
〔註37〕　〔清〕劉文淇：《左傳舊疏考正》卷五，頁8692。

者，〈春秋序〉有言：「見《易象》與《魯春秋》，曰：『周禮盡在魯矣。吾乃今之周公之德與周之所以王』」。是《春秋‧序》與《周易正義‧序》對於何人作爻辭的說法不同。然而，因《周易正義‧序》乃由孔穎達所撰，但卻與《左傳正義》的說法不同。故知，《左傳正義》之說法，應不盡然出自於孔穎達之說。

4.襄二十九年《傳》：「爲之歌頌」。

　　襄二十九年《傳》：「爲之歌頌」。

　　《正義》曰：「成功者，營造之功異也。天之所營，在於命聖；聖之所營，在於任賢；賢之所營，在於養民；民安而財豐，眾和而事濟，如是則司牧之功畢矣，故告於神明也。」劉炫又云：「干戈既輯，夷狄來賓，嘉瑞悉臻，遠近咸服，群生遂其性，萬物得其所，即功成之驗也」。

　　文淇案：「此疏似前爲唐人之說。及檢《詩‧關雎序‧疏》，文義與此大同，惟刪去『劉炫又云』四字。據《詩疏》，知此疏皆光伯語，據此疏知《詩疏》皆非沖遠筆也」。〔註38〕

此疏劉文淇指出，襄公二十九年《傳》疏，「爲之歌《小雅》」，與《毛詩正義》疏文大致相同，經過劉文淇的比對之後，發現此疏乃刪去「劉炫又云」四字。

5.昭公十三年《傳》：「遇諸棘闈以歸」。

　　昭公十三年《傳》：「遇諸棘闈以歸」。

　　杜《注》曰：「棘，里名，闈門也」。

　　《正義》曰：「孔晁口：『棘，楚邑闈門也』。案襄二十六年《傳》，言吳伐楚克棘，四年《傳》言吳伐楚入棘：以棘爲邑，或是也」。

　　文淇案：「此《疏》從孔晁《國語》注，而不從杜氏，斷非唐人語。《釋文》引孔晁云：『棘，楚邑』，亦用舊疏」。〔註39〕

此疏劉文淇指出《左傳正義》不從杜預說，反倒是從孔晁《國語》注之說。此外，劉文淇尚參考陸德明《經典釋文》，陸德明亦從孔晁之說。故劉文淇認爲，此乃舊疏之說。

## （三）以時代專用語詞考正

　　劉文淇考正《左傳正義》之舊疏，其方法之一，即檢視《正義》中，內

---

〔註38〕〔清〕劉文淇：《左傳舊疏考正》卷五，頁8797。
〔註39〕〔清〕劉文淇：《左傳舊疏考正》卷七，頁8714。

容涉及時代背景之文字、用語。倘若出現如王鳴盛、錢大昕等人所發現「大隋」之字樣，頗不尋常。故劉文淇認為，此應為舊疏或劉炫《述議》之內容。〔註40〕

劉文淇解《春秋·序》時，引用好友包慎言之看法，寫道：

《春秋·序》云：「撰《正義》時，南北混同，不必別之為南人，自可如《釋文》載其名姓。今不載其名姓，而直云南人，此亦為舊疏之一證也」。〔註41〕

此疏劉文淇以時代背景為著眼點，認為《正義》修纂之時，唐代已完成政治上的南北統一，是故不應出現「南人」稱呼之別。

1.隱公二年《傳》：「贈死不及尸」。

隱公二年《傳》：「贈死不及尸」。

杜《注》曰：「尸，未葬之通稱」。

《正義》曰：「《釋例》曰：『喪贈之幣，車馬曰賵，貨財曰賻，衣服曰禭，珠玉曰含，然而摠謂之贈，故傳曰贈死不及尸也』。然則此文雖為賵發，其實賵賻含禭，摠名為贈，但及未葬，皆無所譏也。禭以衣尸，含以實口，大斂之後，無所用之。既殯之後猶致之者，示有恩好，不以充用也。今贊曰：『〈雜記〉弔含禭賵臨之等，未葬則葦席，既葬則蒲席，是葬後得行，此言緩者』。《禮記》後人雜錄，不可與傳同言也，或可初葬之後則可，久則不許」。

文淇案：「『今贊』二字，《正義》屢見，此非書名，即孔〈序〉所謂特申短見者也。據《唐書·孔穎達傳》：『本號義贊，詔改為《正義》』。此則改之未盡者耳。前則舊疏原文」。〔註42〕

《正義》之文字，大多承襲舊疏，而其中確知為唐人語，即引舊說而加以駁正者，是稱「特申短見」。由此可見南北朝舊疏與唐人語之別。此外，疏中曰「今贊」二字，劉文淇指出此二字時常出現在《正義》內文中，非指書名，而是因為《正義》在編纂之時，非原名《正義》而為《義贊》，是唐代編纂者

---

〔註40〕 曾聖益則另有看法，舉例《皇清經解》以反駁之。說明今人引用《皇清經解》仍冠「皇」字，引用清代官修書籍，仍稱「御纂」、「御注」。也許可歸咎於唐人引用前說，未加以刪改。若稱之為「剿襲」，則未免太過。（《儀徵劉氏春秋左傳學研究》，頁202～203）

〔註41〕 〔清〕劉文淇：《左傳舊疏考正》卷一，頁8638。

〔註42〕 〔清〕劉文淇：《左傳舊疏考正》卷一，頁8646。

初以此稱呼之。但歷經唐太宗下詔改名之後，方定名爲《正義》。故曰「今贊」者，也可視爲區別舊疏與唐人語之別。

    2.襄元年《傳》：「晉師自鄭以鄶先歸不與侵陳，楚不書」。

        襄元年《傳》：「晉師自鄭以鄶先歸不與侵陳，楚不書」。

        文淇案：「太宗詔穎達等爲《五經》義訓，號《義贊》，詔爲《正義》。此「贊」字之未刪者，或以「今贊」爲書名誤矣。舊疏爲獻子先歸，不知其故，唐人以爲君既新立，故獻子先歸。此所謂贊成其義也」。〔註43〕

劉文淇在此疏中更進一步指出，《正義》在編纂過程中所經歷的改名，在《左傳正義》中所留下的痕跡。而類似這般情況在《左傳正義》中屢見不鮮，例如有：「今贊曰」、「今刪定」、「今不知然者」、「今以爲」等語。

    3.昭公七年《傳》：「今夢黃熊入于寢門」。

        昭公七年《傳》：「今夢黃熊入于寢門」。

        文淇案：「王劭爲隋著作郎，劉炫與之同時，故但稱其官而不著其代，孔冲遠《禮記疏・序》云：據皇侃爲本而斷以己意。〈曲禮〉：稷曰明粢。疏云：隋秘書監王劭刊晉宋古本，彼爲孔冲遠語，故引王劭說。既稱其官，又著其代。此若唐人之筆，亦當云隋著作郎。既不言隋，明爲光伯語」。〔註44〕

劉文淇指出，此疏引王劭、張叔、傅元等三人說法，張叔、傅元二人不言朝代與官名，僅王劭稱「著作郎」。然劉文淇複查《隋書・王劭傳》，知王劭在隋初時，的確是出任「著作郎」。故劉文淇推斷，王劭在出任著作郎時，劉炫應是作《春秋議述》之時，時間點正巧符合。

### （四）以疏文論述方式考正

    劉文淇對《左傳正義》的文字歸屬，也包含釐析疏文的論述方式與觀察文句的脈絡。分以四項，「劉炫云」、「規杜非唐人語」、「駁漢非唐人」與「駁劉爲唐人」等討論。

### 1. 劉炫云

    若疏中直接註明內容歸屬爲何者，如此一來，便可直接將疏文歸屬於此

〔註43〕〔清〕劉文淇：《左傳舊疏考正》卷四，頁8682。

〔註44〕〔清〕劉文淇：《左傳舊疏考正》卷六，頁8638。

人。而《左傳正義》中的行文，多數是先引舊疏，而後有劉炫說，唐人再加以申說或駁之。是故，劉炫《述議》之內容，便清楚可見。

(1)春秋〈序〉：「諸侯亦各有國史」。

春秋〈序〉：「諸侯亦各有國史」。

《正義》曰：「‥‥劉炫以爲《尚書》周公封康叔，戒之〈酒誥〉，其經曰：『大史友，內史友』。如彼言之，似諸侯有大史、內史矣。但徧檢記傳，諸侯無內史之文。何則？《周禮・內史職》曰：『凡命諸侯及孤卿大夫，則策命之』。僖二十八年《傳》說襄王使『內史叔興父策命晉侯爲侯伯』，是天子命臣，內史掌之。襄三十年《傳》稱鄭『使大史命伯石爲卿』，是諸侯命臣，大史掌之。諸侯大史當天子內史之職，以諸侯兼官無內史故也。鄭公孫黑強與薰隧之盟，使大史書其名，齊大史書崔杼弒其君，晉大史書趙盾弒其君，是知諸侯大史主記事也。南史聞大史盡死，執簡以往，明南史是佐大史者，當是小史也。若然，襄二十三年《傳》稱『季孫召外史掌惡臣』，言外史，則似有內史矣。必言諸侯無內史者，閔二年《傳》稱史革龍滑與禮孔曰『我，大史也』。文十八年《傳》稱魯有『大史克』。哀十四年《傳》稱齊有『大史子餘』，諸國皆言大史，安得有內史也？季孫召外史者，蓋史官身居在外，季孫從內召之，故曰外史，猶史居在南，謂之南史耳。南史、外史，非官名也。

文淇案：「此皆爲光伯語，前則爲舊疏原文。舊疏疑諸侯亦有內史，但春秋時不能依禮，劉直以爲諸侯兼官無內史，所引〈康誥〉特作一難，故又云但徧檢記傳，諸侯無內史之文。所云如彼言之彼指〈康誥〉文，非沖遠指炫之言也。又舊疏但云諸侯冊命之事，大史主之，小史佐之，不言諸侯記事之史。劉引公孫黑、崔杼、趙盾事，以證大史主記事。是又詳舊疏之所未盡者，唐人增一字，便似己引劉之詞。而按諸文勢則乖，疏中類此者不少矣。若前爲唐人語，蓋引光伯說在後以自駁，且藉劉說之詳以補己之疎漏乎，必不然矣」。〔註45〕

此疏可見劉炫對於舊疏的批評，認爲春秋時各國並無內史。劉炫舉例公孫黑、崔杼、趙盾等人爲證。針對此疏文，劉文淇由二方面解析。首先指出，《正義》

行文在「劉炫以爲」時，將原本的「炫以爲」增加「劉」字，看似引其文論述。再者，因劉炫於此乃是批評舊疏的，故劉文淇認爲，若疏文爲唐人新作，應不必在後引劉炫說自駁，再於其後補充。

(2)隱公五年《傳》：「將萬焉，公問羽數於眾仲」。

> 隱公五年《傳》：「將萬焉，公問羽數於眾仲」。〔註46〕
>
> 《正義》曰：「案《公羊傳》曰：『萬者何？干舞也』。今《傳》云：『將萬焉，問羽數於眾仲』，是萬與羽爲一者。萬、羽之異，自是《公羊》之說，今杜直云『萬，舞也』，則萬是舞之大名也。何休云：所以仲子之廟唯有羽舞，無干者，婦人無武事，獨奏文樂也。劉炫云：『《公羊傳》曰萬者云云，籥者云云，羽者爲文，萬者爲武。武則左執朱干，右秉玉戚；文則左執籥，右秉翟。此傳將萬問羽，即似萬、羽同者，以當此時萬、羽俱作，但將萬而問羽數，非謂羽即萬也。經直書羽者，與傳互見之』」。
>
> 文淇案：前則舊疏原文，後乃光伯《述議》語，舊疏以萬、羽爲一，而引何休說，以明此考宮第有羽舞。光伯云萬、羽俱作，非謂羽即萬也。經與傳互見之，則與舊說異。所謂萬者云云，籥者云云，亦因舊疏已引《公羊》說，唐人略之耳。〔註47〕

此疏可見劉炫對於舊疏的再補充。「萬」、「羽」二字是否同義，《公羊傳》、《左傳》各有不同解釋。而劉炫則是引何休之說，進一步說明「萬」、「羽」細微的差別。而疏文中「劉炫云」，即是出自《述議》之說。

(3)桓公十一年《傳》：「商、周之不敵君之所聞也」。

> 桓公十一年《傳》：「商、周之不敵，君之所聞也」。
>
> 《正義》曰：「《古文尚書·泰誓》曰：『受有億兆夷人，離心離德。予有亂臣十人，同心同德』。昭二十四年《傳》引之，云：『亦有離德』已與本小殊，此注改『予』爲『武王』，又倒其先後者，便文耳，雖言傳曰，非傳本文。劉炫云：『欲以證商、周之不敵，故先少而後多，非便文』」。
>
> 文淇案：「此光伯《述議》語，前則爲舊疏原文。舊疏云：『又

〔註46〕郭院林《清代儀徵劉氏《左傳》家學研究》，頁201。將此條錯植爲「將萬焉，公問羽數於眾仲」，應予以修正爲「九月，考仲子之宮將萬焉」。

〔註47〕〔清〕劉文淇：《左傳舊疏考正》卷二，頁8650。

倒其先後者，便文耳』。光伯云：『非便文』，乃承舊疏之說，而駁正
之。若前爲唐人語，光伯豈逆知唐人有便文之語，而先云『非便文』
以異之哉？必不然矣」。〔註48〕

舊疏中指出昭公二十四年《傳》引《古文尙書・泰誓》改「予」爲「武王」，
又倒其先後，故批評「便文」。但劉炫卻指出，之所以如此行文，乃是突顯周
王兵少卻能敗商紂王之意。而劉文淇案語，則再次指出《正義》之疏文，論
述時常會產生的問題，如同前述〈春秋序：「諸侯亦各有國史」〉之條例。乃
是批評舊疏的，故劉文淇認爲，若疏文爲唐人新作，應不必在後引劉炫說自
駁，再於其後補充。

(4)襄公二十九年《傳》：「公患之，穆叔曰：『袚殯而禭，則布幣也』」。

襄公二十九年《傳》：「公患之，穆叔曰：『袚殯而禭，則布幣也』」。

《正義》曰：「……劉炫云：『朝禮，兩君相見，先授玉，然後
致享，乃布陳幣帛於庭也。袚殯者，君臨臣喪之禮。先使袚殯，行
臨喪之禮，然後致禭，則全是布幣之禮。言與朝而布幣無異也。君
臨臣喪者，由先見臣，故以袚殯比行朝禮，自然致禭似布幣。楚以
親禭屈魯，魯以袚殯自尊。今贊曰疏云，以殯有凶邪，畏惡患之，
不肯親禭。穆叔云，先使巫人袚除殯之凶邪，既無而行禭禮，布陳
衣物，與行朝之時布陳幣帛無異。言俱無咎，有何可患？』」

文淇案：「此光伯述議，前則舊疏原文。劉蓋申說，『今贊』以
下，則冲遠之詞。本《傳》所謂〈義贊序〉、所謂「特申短見」也。
孔釋公患之，與舊說異。舊說謂公以楚人輕己，所以患之。贊謂公
以殯有凶邪，所以患之，是其異也。贊所引疏，但無以考其姓名耳。
若前爲唐人之語，則疏前既云公患其輕己，後又云患其凶邪。一人
之說，自相矛盾，必不其然。」〔註49〕

此條之解說，對於襄公「患之」，舊疏、唐人二者之看法不盡相同。劉文淇指
出，「今贊」以下，爲唐人新作之詞。而唐人所引之疏，卻不著姓名。但若以
行文的邏輯而言，一般是不會引用二種不同的說法，以造成論述的矛盾。

### 2. 規杜非唐人語

劉文淇認爲，因《左傳正義》乃宗杜預《注》爲一家之言，故應不可能

〔註48〕 〔清〕劉文淇：《左傳舊疏考正》卷二，頁8657。
〔註49〕 〔清〕劉文淇：《左傳舊疏考正》卷二，頁8695。

有批評杜預《注》的文句。而劉文淇以此為線索，尋找《正義》中規杜預《注》之說法。劉文淇指出，批評杜預《注》之論述，可能是出自劉炫《述議》之筆。因此，劉文淇以此為判別舊疏的方法之一。

(1)僖公十年《傳》：「及七輿大夫」。

　　僖公十年《傳》：「及七輿大夫」。

　　《正義》曰：「《周禮・大行人》云：『侯伯七命，貳車七乘。貳即副也。每車一大夫主之，謂之七輿大夫』。服虔云：『上軍之輿師七人屬申生者，襄二十三年下軍輿師七人往，前申生將上軍，今七輿大夫為申生報怨，欒盈將下軍，故七輿大夫與欒氏』。炫謂服言是」。

　　文淇案：「此光伯《述議》語。光伯先引〈大行人〉以申杜氏，又引服虔說，謂服言為是，以規杜過。孔冲遠未駁，顯係疏漏。邵瑛、王謨兩家俱亦遺之」。〔註50〕

劉文淇案語指出，此疏乃出自劉炫《述議》。劉文淇分析《正義》疏，認為其解「及七輿大夫」之過程，是先申杜，後又引服虔說，認為服虔之說較妥，而後規杜說。而唐人作疏乃秉持宗杜《注》為一家之原則，故劉文淇指出，應是為舊疏。此外，「炫謂服言是」之句，並未為唐人所改，知其為劉炫說。

(2)僖公二十五年《經》：「公會衛子莒慶盟于洮」。

　　僖公二十五年《經》：「公會衛子莒慶盟于洮」。

　　杜《注》曰：「洮魯地」。

　　《正義》曰：「八年盟于洮，杜云：『曹地』。三十一年魯始得曹田，此時不得為魯地，注誤耳」。

　　文淇案：「唐人從未規正杜失，此亦當為光伯《述議》語」。〔註51〕

此疏文《正義》直言杜《注》之誤，將「洮」解釋為魯地。然而，劉文淇指出，唐人《正義》依循「疏不破注」的情形下，應不直言杜《注》之誤。因此，由此判別為劉炫說。

### 3. 駁漢非唐人

杜預《注》亦是承襲賈逵、服虔之說而來。又唐人《正義》宗杜預《注》，是《正義》疏不應有所批評漢《注》。故凡《疏》中批評漢代古《注》之說，

---

〔註50〕〔清〕劉文淇：《左傳舊疏考正》卷三，頁8665。
〔註51〕〔清〕劉文淇：《左傳舊疏考正》卷三，頁8668。

應非唐人之筆。

(1)桓公五年《經》曰：「州公如曹」。

　　桓公五年《經》曰：「州公如曹」。

　　《正義》曰：「……服虔云：『春秋前，以黜陟之法進爵爲公，未知孰是？或可嘗爲三公之官，若號公之屬，故稱公也。以其無文，故備言之』。劉炫難服云：『周法，二王之後乃得稱公。雖復周公、大公之勳，齊桓、晉文之霸，位止通侯，未升上等。州有何功，得遷公爵？若其爵得稱公，土亦應廣，安得爵爲上公，地仍小國？若地被兼，黜爵亦宜減，安得地既削小，爵尚尊崇？此則理之不通也』。

　　文淇案：「前則舊疏原文，後乃光伯《述議》。舊疏引服虔說，而意不能定，故云『未知孰是』，故備言之。光伯則直斥服說，不似舊疏之依違，光伯難服，即是不從舊疏。唐人加『難服』二字以示區別耳。若前爲唐人之筆，既引服虔說疑不能定矣，又引光伯之難服，何也？」〔註52〕

此疏乃舊疏引服虔之說，但不確定服說是否爲確。然而，劉炫則是不苟同舊疏之說，而直斥服說。因此，劉文淇認爲，若此疏爲唐人之筆，何必引服說爲不確，後再引劉炫之說以駁之。是故，劉文淇斷定此疏應非唐人之筆。

(2)文公十五年《傳》：「書曰：『宋司馬華孫』，貴之也」。

　　文公十五年《傳》：「書曰：『宋司馬華孫』，貴之也」。

　　《正義》曰：「……服虔云：『華耦爲卿侈而不度，以君命脩好結盟，舉其官屬從之，空官廢職。魯人不知其非，反尊貴之』。其意以爲貴之者，魯人貴之，非君子貴之。案經儀父與魯結好，子哀不義，宋公司城效節來奔，單伯自齊致命，《傳》皆言：『書曰：貴之』。實善而貴之也。此亦云：『書曰：司馬華孫，貴之』，何故惡而貴之也？劉炫又難云：『此爲不知其非，儀父豈亦魯不知其非而貴之乎？』孔子脩《春秋》裁其得失，定其褒貶，善惡章於其篇，臧否示於來世。若魯人所善亦善之，所惡亦惡之，己無心於抑揚遂，逐魯人之善惡，削筆之勞，何所施用？約之以理，豈其然哉？『其官皆從』，謂共聘之官無闕，當有留治政者，豈舉朝盡行而責其空官也？若以官從即責空官，聘禮官屬不少，豈周公妄制禮乎？」。

────────────

〔註52〕〔清〕劉文淇：《左傳舊疏考正》卷二，頁8656。

文淇案:「此光伯《述議》語,前則舊疏原文。『又難』二字乃唐人所增。舊疏駁服氏,非唐人語也。且唐人云『又難』者,謂舊疏已難服氏,劉炫又從而難之,亦足以明前爲舊疏矣」。〔註53〕

劉文淇案語指出,舊疏已對服虔之說不贊同,後劉炫《述議》又加以批評舊疏,而唐人作新語時,爲表示區別,故加上「又」字,以示。

(3)襄公十一年《傳》:「七姓十二國之祖」。

　　襄公十一年《傳》:「七姓十二國之祖」。

　　《正義》曰:「『十三國爲七姓』,《世本‧世家》文也。姬即次曹,意及則言,不以大小爲次也。實十三國,而言『十二』。服虔云:『晉主盟,不自數』。知不然者。案定四年,祝佗稱踐土之盟云『晉重、魯申』。於是晉爲盟主,自在盟內。何因晉今主盟,乃不自數?故知字誤也。劉炫難服虔云:『案宣子恐失諸侯,謹慎辭令,告神要人,身不自數,已不在盟,彼叛必速。豈有如此理哉?』」。

　　文淇案:「此光伯《述議》語,前則舊疏原文。『難服虔』三字殊爲贅設,唐人增之以示區別耳。光伯既難服虔,豈有不引服虔之說?惟舊疏既引服虔說而駁之矣。故光伯承其所駁,而申說之所未盡者」。〔註54〕

劉文淇案語指出,疏文中加上「難服虔」,是因爲舊疏駁服虔,而劉炫又再次承舊疏,而駁服虔之說。

### 4. 駁劉爲唐人

孔穎達《正義》之疏,其實多引舊疏,爲述古之作。而劉文淇認爲,確知爲唐人之說,即是疏文中引舊說而加以駁正之。如前述有:「今贊曰」、「今刪定」、「今不知然者」、「今以爲」等語,抑或「特申短見」者可見之。

(1)桓公三年《經》:「三年春,正月,公會齊侯于嬴」。

　　桓公三年《經》:「三年春,正月,公會齊侯于嬴」。

　　文淇案:「『今刪定』以下,乃唐人駁劉之辭,前皆爲光伯原文。光伯有先申釋杜義,而後以己意規之者,此類是也。此云『然天王失不班曆』。『然』者,承上文而言之,非發端之辭語詞也。唐人橫加『劉炫規過云』五字,乃於文理有礙。王謨《漢魏遺書鈔》輯光

〔註53〕〔清〕劉文淇:《左傳舊疏考正》卷三,頁8672。
〔註54〕〔清〕劉文淇:《左傳舊疏考正》卷五,頁8687。

伯《規過》，知其不可通，遂刪去『然』字，不知此爲唐人所竄改也」。
〔註55〕

劉文淇案語指出，疏文「今刪定」以下，是唐人駁劉炫之辭。劉文淇指出「然天王失不班歷」之「然」字，應是前文承上啓下，非作爲文句發端之詞。再者，劉文淇亦指出，唐人橫加「劉炫規過云」五字，是與文句上有不合之處，是推斷唐人應有調整劉炫《述議》之文字而成。

(2)桓公十六年《經》：「冬城向」。

　　桓公十六年《經》：「冬城向」。

　　文淇案：「『今以爲周語之文』以下，乃唐人駁光伯之詞，前皆光伯語也。光伯先申杜義而後駁之，本作『炫以爲』，『劉規過』三字，唐人所增，使若前爲己說耳」。〔註56〕

劉文淇案語指出，疏文「今以爲周語之文」以下，是唐人駁劉炫之辭。而劉文淇亦指出，唐人將劉炫原疏之文字調整改動，疑似出自唐人之手。

(3)襄公二十九年《傳》：「公患之，穆叔曰：曰祓殯而襚」。

　　襄公二十九年《傳》：「公患之，穆叔曰：曰祓殯而襚」。

　　文淇案：「此光伯《述議》語，前則舊疏原文。劉蓋申舊說，『今贊』以下，則沖遠之詞。本《傳》所謂〈義贊序〉所謂『特申短見』者也」。〔註57〕

劉文淇案語指出，疏文「今贊」以下，是唐人駁劉炫之辭。是爲〈義贊序〉中所稱「特申短見」，唐人於劉炫之說後，加以駁正之。

(4)襄公二十九年傳：「盛德之所同也」。

　　襄公二十九年傳：「盛德之所同也」。

　　文淇案：「『今之不然者』以下乃唐人駁劉之辭，前爲光伯《述議》也。本作『炫以爲』，『劉』字乃唐人所增」。〔註58〕

劉文淇案語指出，疏文「今之不然者」以下，是唐人駁劉炫之辭。其中，唐人又將原本疏文中「炫以爲」，增加「劉」一字，看似出自唐人之手。

　　（五）以引書考正

---

〔註55〕〔清〕劉文淇：《左傳舊疏考正》卷二，頁8655。
〔註56〕〔清〕劉文淇：《左傳舊疏考正》卷二，頁8658。
〔註57〕〔清〕劉文淇：《左傳舊疏考正》卷五，頁8695。
〔註58〕〔清〕劉文淇：《左傳舊疏考正》卷五，頁8698。

　　劉文淇依據《隋書‧經籍志》所記載之書籍著錄情形，考正《正義》所引之書籍在當時的存佚情形，以知疏文是爲南北朝舊疏，抑或爲唐人之新作。劉文淇指出，初唐時期孔穎達作《正義》，引前人之疏說甚多，若以史志目錄考察《正義》所引書之時代，便可知該書在當時的存佚情形。倘若所引書之時代，在編纂《正義》之前已亡佚，劉文淇便推斷所引之書，應爲南北朝之舊疏。

1.春秋〈序〉：「年有四時，故錯舉以爲所記之名也」。

　　　　春秋〈序〉：「年有四時，故錯舉以爲所記之名也」。

　　　　《正義》曰：「《爾雅‧釋天》云：「載，歲也。夏曰歲，商曰祀，周曰年，唐虞曰載」。李巡曰：『夏歲、商祀、周年、唐虞載，各自紀事，堯舜三代示不相襲也』」。

　　　　文淇案：「《隋書‧經籍志》云：『隋內外之閣，凡三萬餘卷。煬帝即位于東都觀文殿，分東西廂構屋，以貯之別撰目錄。大唐武德五年，克平僞鄭命司農少卿，宋尊貴載之，以傳泝河西上將致京師，行經底柱多被飄沒，其所存者十不一二，其目錄亦爲所漸濡，實有殘缺』。今考見存分爲四部，合條爲一萬四千四百六十六部，有八萬九千六百六十六卷，是則〈隋志〉據見存者錄之，其亡書亦閒列於注。今按〈隋志〉云：『《爾雅》三卷』。自注漢中散大夫樊光撰，梁有漢劉歆犍爲文學中黃門李巡《爾雅注》三卷，亡。冲遠等預修《隋書》時，李巡《注》已亡，故之所引非唐人也」。〔註59〕

《隋書‧經籍志》乃作於貞觀十五年（641），至顯慶元年（656）方纂成。由魏徵等多位學者參與編纂，將前代梁、陳、齊、周、隋五朝之書目，加以整理與彙編。然而，劉文淇以《隋書‧經籍志》之著錄爲依歸，將《隋志》中無著錄，或以著錄爲亡佚之書，爲存於南北朝，而至初唐則已經亡佚。如此一來，孔穎達等人所修纂之《正義》，不應會引用之。是故，此爲劉文淇以「引書」爲判斷舊疏之方法。〔註60〕

---

〔註59〕〔清〕劉文淇：《左傳舊疏考正》卷一，頁8638。

〔註60〕劉文淇以「引書」爲方法的考正，後世學者多有不同意見。陳秀琳指出，劉文淇對於文獻的知識過於單純，並沒有考慮到引書時，撰者是否必須「親見」書籍。抑或是前儒義疏之轉引。(《中國文哲研究通訊》，第十卷第一期，頁168～169)。再者，曾聖益則是指出，劉文淇混淆《隋書》與《隋書‧經籍志》之關係。二者不僅參與之修纂者不同，修纂時間也不盡相同，不能視爲一體。

2.隱公元年《經》：「元年春王正月」。

隱公元年《經》：「元年春王正月」。

文淇案：「《隋書‧劉炫傳》及《經籍志》載《春秋述議》、《春秋攻昧》，無所謂規過者。《新唐書‧藝文志》載《春秋攻昧》十二卷，又《規過》三卷。《唐志》據《開元目錄》，蓋後人摘疏中所駁杜說裒集之。光伯規杜氏之失，即據疏中，非別有一書。即『規過』二字，亦孔氏語。必知然者，《隋志》乃魏徵、孔穎達等所撰，《經籍志》所載，皆據見存者，其亡失者亦條列餘下，《劉炫傳》及《經籍志》俱不載《規過》，則本無是書矣」。〔註61〕

此條疏文中，引用劉炫《春秋攻昧》之文句。劉文淇由《隋書‧劉炫傳》、《隋書‧經籍志》爲根據，認定劉炫本無《春秋攻昧》一書。而《新唐書‧藝文志》所載之《春秋攻昧》十二卷，乃是後人由《左傳正義》中逐條摘錄而成。〔註62〕再者劉文淇認爲，孔穎達等人參與《隋書‧經籍志》的修纂工作，而其所著錄之書，皆應由修纂者所見之。故《隋書‧經籍志》所不載者，推斷應以亡佚。

## （六）以上、下文意考正

劉文淇根據行文的規律，將疏文中上、下文句重複、不連貫，或是說法不同者，皆推斷爲南北朝之舊疏。

1.僖公十六年《傳》：「退而告人曰：『君失問』。是陰陽之事，非吉凶所生也」。

僖公十六年《傳》：「退而告人曰：『君失問』。是陰陽之事，非吉凶所生也」。

《正義》曰：「劉炫云，言是陰陽之事也，則知事由陰陽，若陰陽順序，則物皆得性，必無妖異。故云陰陽錯逆所爲，非人吉凶所生也。傳稱天反時爲災，地反物爲妖，人反德爲亂，亂則妖災生。〈洪範〉『咎徵曰，狂恒雨若』之類，皆言人有慝失，乃致陰陽錯逆。而

---

（《儀徵劉氏春秋左傳學研究》，頁135）。
〔註61〕〔清〕劉文淇：《左傳舊疏考正》卷一，頁8643。
〔註62〕曾聖益指出，與劉文淇同時期的輯佚家陳熙晉，與劉文淇有相似的看法。但陳熙晉認爲，《春秋攻昧》乃是由後人從劉炫《述議》中摘錄，非由《左傳正義》。（《儀徵劉氏春秋左傳學研究》，頁136）。

云陰陽錯逆非人所生者，石隕、鷁飛事由陰陽錯逆，陰陽錯逆，乃
是人行所致。襄公不問己行何失，致有此異，乃謂既有此異，將來
始有吉凶。故答云『是乃陰陽之事，非將來吉凶所生』。言將來若有
吉凶，協此石、鷁之異耳，非始從石、鷁而出也。襄公不知陰陽錯
逆為既往之咎，乃謂將來吉凶出石、鷁之間，是不知陰陽而空問人
事，故云『君失問』也。叔興若以實對，當云『由君愆失，致有此
異』。今乃別以政刑他占橫說齊亂、魯喪。自以對非其實，恐為有識
所譏，故退而告人以此言也。服虔云：『鷁退風，咎君行所致，非吉
凶所從生』。襄公不問己行何失，而致此變，但問吉凶焉在。以為石
隕、鷁退，吉凶何從而生，故云『君失問』。是劉炫用服義為說也。
今刪定以杜注云『石、鷁陰陽錯逆所為，非人所生』，則陰陽錯逆，
自然有此，非由人事之失致此錯逆。又吉凶不由石、鷁所生，故傳
云『是陰陽之事，非吉凶所生』。是吉凶不由石、鷁，石、鷁不由於
人，則吉凶之來，別由人行得失耳。故《釋例》云『或異而無感，
或感而不可知』，如此之類是也。其傳云『亂則妖災生』，《洪範》曰
『狂恒雨若』，此皆假之陰陽以為勸戒，神道助教，非實辭也。但聖
賢之說未知孰是，故兩載其義，以俟後賢」。

　　文淇案：「此劉、孔各為一說。劉欲合服、杜為一說，非以服義
規杜過。又劉引《傳》：『亂則妖災生，洪範狂橫雨』。若孔亦引之，
而意各不同。足知疏中所引《書傳》，凡重疊其辭者，必異人之說也」。

〔註63〕

劉文淇指出，此疏文中，劉炫引《傳》：『亂則妖災生，洪範狂橫雨』之句。
而後，孔穎達又引用之，但詮釋之意義不同。是故，劉文淇推斷，此疏應為
二人之筆。

2.文公元年《傳》：「履端於始，舉正於中，歸餘於終」。

　　文公元年《傳》：「履端於始，舉正於中，歸餘於終」。

　　《正義》曰：「於是年魯曆置閏。『閏三月，非禮也』，言於禮置
閏不當在此月也。因論置閏之法，先王之正時也。『履端於始』，履，
步也。謂推步曆之初始以為術曆之端首。舉月之正半在於中氣，歸
其餘分置於終末，言於終末乃置閏也。更復申之。『履端於始，序則

────────────────
〔註63〕　〔清〕劉文淇：《左傳舊疏考正》卷三，頁8666。

不忒』，謂四時之序不忒過也。『舉正於中』，民視瞻則，不疑惑也。『歸餘於終』於時事則不悖亂也。此年不合置閏，而置閏則不是歸餘於終，故爲非禮也」。

　　　　文淇案：「此光伯《述議》語，前則舊疏原文。光伯承舊說而申明之，則者承上之辭，若前爲唐人語，光伯豈反申明其說乎？」〔註64〕

此類在《左傳正義》中，是爲劉文淇釐析舊疏的類型之一。即劉炫申明舊疏。而劉文淇認爲，倘如前疏爲唐人新作，劉炫應該不可能爲其申說，是不合文理，故劉文淇推斷此爲舊疏。

　　3.成公十六年《傳》：「南國蹴射其元王中厥目」。

　　　　成公十六年《傳》：「南國蹴，射其元王，中厥目」。

　　　　《正義》曰：「此實筮也，而言卜者，卜筮通言耳。此既不用《周易》，而別爲之辭，蓋卜筮之書，更有此類，筮者據而言耳。服虔以爲陽氣觸地射出，爲射之象，杜以陽氣激南，爲飛矢之象，二者無所依憑，各以意說，得失終於無驗，是非無以可明。今以杜言離爲諸侯者，案《禮器》云：『大明生於東，君西酌犧象』。鄭玄云：『象日出東方而西行也』。《詩・邶・柏舟》鄭箋云：『日，君象也。』《說卦》：『離爲日』。故爲諸侯」。

　　　　文淇案：「『自得失終于無驗是非，無以分明』，以上皆舊疏原文，下則唐人義贊語也。今以杜言離爲諸侯者，第解離爲諸侯非，申駁上文，與上、下不貫。《正義》屢言『今贊』，刪『贊』字耳」。〔註65〕

劉文淇指出，疏文「自得失終于無驗是非，無以分明」起，以上皆舊疏原文。後文似爲唐人新作。而此疏文上、下文句有不連貫處。疏文申杜，卻又駁之，不合乎文理。

## （七）以定本考正

　　「定本」是《左傳正義》成書的根據，亦是劉文淇極欲證明的問題。倘若《左傳正義》所依據之定本，是來自於南北朝時期所校之本，而非初唐時顏師古所校定之本。如此一來，劉文淇在《考正》中的推論，便獲得重要的證據以證明之。然而，劉文淇於《左傳舊疏考正・序》中，列舉十項證據，

〔註64〕〔清〕劉文淇：《左傳舊疏考正》卷三，頁8670。
〔註65〕〔清〕劉文淇：《左傳舊疏考正》卷四，頁8681。

試圖證明《左傳正義》所依據之定本，非顏師古所校之本，乃爲南北朝以來之定本，是言齊隋之前早有定本。〔註66〕

《左傳舊疏考正‧序》有云：

> 定本出于顏師古，則《疏》爲唐人之筆可知。近世諸儒咸同斯論。按顏師古本傳云：「帝常歎《五經》去聖久遠，傳習寖訛，詔師古于祕書省考定，多所釐正」。是師古原有定本。然漢、魏以來，校定書籍者，正復不少，即如北齊郎茂于祕書省刊定載籍。隋蕭該、開皇初奉詔與何妥正定經史。又劉焯傳云：「焯與諸儒于祕書省考定群言」。是齊、隋以前，皆有定本。《疏》中所云「今定本者」，當系舊疏，指其、隋以前而言，必知非師古定本者。

劉文淇以顏師古本傳爲依據，說明顏師古確有校本。然而，劉文淇又考察劉焯傳，其中也記載劉焯於祕書省考定群言之事。故劉文淇推斷，若《正義》所用之定本，爲齊、隋之前之定本，如此一來，便證實齊、隋之前，皆有定本之說。劉文淇又云：

> 師古但定《五經》，爲聞更校《公》、《穀》。宣十七年《左傳疏》引《穀梁》定本作：「晉郤克眇，衛孫良夫跛」。《公羊疏》云：「舊本題云《春秋》隱公《經傳解詁》第一《公羊》何氏。今定本則升《公羊》字在經傳上，退隱公字在《解詁》下，爲之自誰始也」。則是《公》、《穀》皆有定本。

劉文淇引宣公十七年《傳》疏，以證《公羊傳》、《穀梁傳》皆已有定本。又劉文淇引孔穎達傳之記載：

> 孔穎達傳：「與師古同受詔，撰《五經正義》」。今《疏》中有以定本爲非者，夫豈師古自駁其說？

此外，劉文淇引用孔穎達傳，以其證實顏師古的確有參與《五經正義》之修纂工作。故劉文淇推斷，顏師古應不可能自駁自說，是言《正義》應爲以南北朝之定本爲據。然而，劉文淇又引《顏氏家訓》爲證：

---

〔註66〕劉文淇討論「定本」爲其釐析南北朝舊疏與唐人新作之疏的重要證據。但是，後世學者多有不同意見。陳秀琳指出，儘管劉文淇以列出十項證據，試圖證明《正義》之定本來自南北朝。但猶不能否定其中或有顏師古，甚至也不能否認或有出趙宋校勘《正義》時的。故陳秀琳認爲劉文淇所舉十例，只能證明齊、隋之前確有定本，但尚無法有力證明《左傳正義》無用顏師古之定本。（《中國文哲研究通訊》，第十卷第一期，頁169）。

顏之推《家訓》云：「齊侯痎，遂痁。世間傳本多以痎爲疥。俗儒就
爲通云：『病疥令人惡寒，變而成瘧』。此臆說也」。今《左傳疏》云：
「今定本作疥」。若爲師古所定，則是數典忘祖。

劉文淇指出，顏師古爲顏之推之後人，應是不違家學之說。然劉文淇引昭公
二十年《傳》疏，指出《顏氏家訓》認爲「痎」字爲確，此不同於《左傳正
義》之說法，認爲「疥」字是爲確。是故，劉文淇指出，《顏氏家訓》與《左
傳正義》說法不同。

# 第三節　《左傳舊疏考正》之評價

　　劉文淇《左傳舊疏考正》之成書，將唐人所編纂之《左傳正義》，依循其
義意脈絡，分析出南北朝舊疏、劉炫《述議》與唐人新作之語。廓清了清初
以來，學者對於《五經正義》之資料來源的疑義。同時，亦是歷代以來，第
一部系統性、完整地探討《左傳正義》之書。

　　黃承吉在〈春秋左氏傳舊疏考正序〉中指出，劉文淇之《考正》，將《左
傳正義》中劉炫《述議》之內容，與所引之舊疏，一一釐析清楚，並稱其用
心。黃承吉評價《考正》：

然則著此書以掃炫說，雖意不主于非杜，而《春秋》之大義躍如不
獨釋辭講詁之是區，繼絕存亡之可貴矣。

孟瞻近作《春秋左氏傳舊疏考正》一書，鉤稽《正義》中所藏炫說，
及炫采故義，逐爲釐出，使陳簡中混淆覆匿之跡，朗若撥雲，凡昔
之自有而無者，今復自無之有。覆實之思，等於叩寂，可云用心之
勤。

孟瞻敦願補學，非故發唐人之覆，訖以蘄舊疏之真也。舊疏明而經
學亦明，綴殘理缺之爲，不在自掃別論，蓋較諸陸傳、二顧、兩惠
諸家補正，杜書尤爲能得其要。且此緒一出，則使他端悉可類推，
爰以訂六代流風，不徒嬋雅兩河，舊疏自有典型。知人論世之衡，
于茲未墜，行觀次第而暨于諸經也。〔註67〕

黃承吉也再次說明《考正》之學術意義，是於回顧南北朝舊疏的情形，將長
期較不受到學者關注的義疏之學，突破先賢之研究，再次有新的成果。除此

---

〔註67〕　〔清〕黃承吉：〈春秋左氏傳舊疏考正序〉《劉文淇集》，頁469～476。

之外，清代漢學研究必定需要通過南北朝義疏，如同黃承吉所言「舊疏明而經學亦明」。此外，沈欽韓評價《考正》：

> 吾友劉子孟瞻慨然發憤，暇乃博究經史，檢尋文句，得其脈絡之隔閡，枝葉之苯，前後之不相稱，新故之不能掩，其聰明辨決若易牙之嘗水，庖丁之解牛。夫乃投隙抵墟，顯豁呈露，未去萬冀之姓名，已詭法盛之撰述，而沈之《義略》、劉之《述義》，隱然若古碑之洗剔。至沖遠等竄定之小智，乾沒之鄙心，其亦難逃於然犀之照也已。

沈欽韓將劉文淇對《左傳正義》的內容釐析，將其比喻爲嘗水便知味的易牙、刀法了得的庖丁。讚劉文淇能依循《正義》之文意脈絡，分辨南北朝舊疏、劉炫《述議》與唐人新作語。

> 常恨天壤間實事求是之學少，橫竊大名之人多。劉子年壯學富，實事求是之志甚博且勤，此所著所謂象之一牙，鳳之一毛，足知其非凡品。他日必能發揮先儒之蘊，啓牖後生之智。〔註68〕

沈欽韓在稱劉文淇爲青年才俊，爲學實事求是，期待他日能在展長才。另外，丁晏有言：

> 尤肆力《春秋左氏傳》，爲杜注襲取先儒，雷同剿說。君取賈、服古注，疏通證明，上稽先秦諸子，下考漢唐故書，旁及史傳、御覽、筆記、文集，左右采獲，擇精語詳，成書八十卷。又輯《左傳舊疏考正》六卷，爲孔沖遠刪定舊疏，不出一人之手，多襲取劉光伯《述義》，攘爲己文。其闡明經義，皆前儒之所未及也。〔註69〕

丁晏指出《考正》之成書，證明唐代所編纂之《五經正義》，非出於一人之手。而其內容，又多爲劉炫《述議》語。而劉文淇《考正》乃是歷來第一部系統性，且完整討論《左傳正義》文字歸屬之書。是具有重要的學術價值。再者，晚清學者李慈銘亦肯定《考正》，稱許「用力可謂極勤，而用心亦良苦矣」。〔註70〕

橋本秀美在其博士論文《南北朝至初唐義疏學研究》的第二章〈二劉學術風貌〉，其中寫到乾嘉之際論及《左傳正義》中每引「大隋」，因而提出非

---

〔註68〕〔清〕沈欽韓：〈劉文淇左傳舊疏考證序〉《劉文淇集》，頁476～478。

〔註69〕〔清〕丁晏：〈皇清優貢生候選訓導劉君墓誌銘〉《揚州學派年譜合刊》，下冊，頁686。

〔註70〕〔清〕李慈銘：〈左傳舊疏考正〉《劉文淇集》，頁487。

唐人語，有記錄者為王鳴盛《尚書後案》、錢大昕《潛研堂答問》，但如劉文淇在《左傳舊疏考正・序》中所言，「于全書體例未嘗細微區分」。致力分析孔《疏》體例，辨別每條疏文出自劉炫抑或孔穎達，劉文淇之《考正》實屬創意。〔註71〕

郭院林則是指出，劉文淇之作不僅是考正舊疏，在更大意義上來說，是揭示《五經正義》剽襲行徑，進行一次學術規範的清理，清晰辨明杜預《注》、劉炫舊疏、孔穎達《正義》之間的關係，恢復當時疏證情形。〔註72〕

此外，謝明憲表示，劉文淇《左傳舊疏考正》之意義，乃是於藉由「考正」的方式，重新檢討唐人《五經正義》之成書過程與編輯體例。此外，作者以為劉文淇在梳理舊疏的過程中，重點不在於有多少舊疏尚未被考正釐清，乃得以重現六朝經師疏解經傳注的場景。〔註73〕

學者們雖多肯定劉文淇《考正》所具之學術價值，並認為其有功於學術，但亦有不同的意見。如李慈銘有言：

> 唐初儒學尚盛，況其實沈之《義疏》、劉之《述義》遍佈人間，世所共習，沖遠以耆儒奉敕撰述，而盡掩前人，攘為己有，獨不畏人言乎？太宗非可欺之君，士亦何能盡罔，恐非甚無恥者，不肯出此也。蓋《正義》之病，在於筆舌冗漫，故複沓迂回，接續之間，多不連貫。其間用舊說而失繫姓名者，或亦有之；若以為一部書中惟駁光伯之與出於沖遠，餘皆襲舊義，無乃言之過歟？孟瞻此書，存此一段公案，可耳。〔註74〕

李慈銘以當時的環境條件作為假設，認為初唐為儒學大盛之時，而沈文阿之《義疏》、劉炫之《述義》是當時主流學者與說法，而倘若《左傳正義》真如同劉文淇所言，其內容僅是駁劉炫之部分出於唐人新作，其餘皆襲舊義之，此說是否過於武斷。對此，李慈銘持保留的態度。

陳秀琳有一文〈評劉文淇《左傳舊疏考正》〉，文中肯定劉文淇《左傳舊疏考正》之學術意義，並且點出必須重點探討唐人引用劉炫《春秋述義》的情況。然而，該文也提出幾點值得再商榷之處，陳秀琳認為劉文淇對於文獻

---

〔註71〕〔日〕喬秀岩：《義疏學衰亡史論》（東京：白峰社，2001年），頁72。
〔註72〕郭院林：《清代儀徵劉氏《左傳》家學研究》，頁214。
〔註73〕謝明憲：〈「杜注補正」與劉文淇《左傳舊疏考正》〉，《東方人文學誌》第2卷第1期（2003年3月），頁133～149。
〔註74〕〔清〕李慈銘：〈左傳舊疏考正〉《劉文淇集》，頁487～488。

流通與流傳的知識，尚未建構成熟。其中劉文淇將《隋書》所未著錄之書，認為已亡佚，《正義》有引之內容，即為南北朝之舊疏。陳秀琳以為不免流於武斷之說，是待商榷。〔註75〕

　　是故，《考正》之成就是功不可沒的。然後世學者仍有所爭論。尤其是劉文淇考正《正義》的文獻知識，應用在版本、目錄引書、輯佚等三方面。這牽涉到劉文淇《考正》之立說的成立與否，是為關鍵。筆者將於第五章繼續討論。

---

〔註75〕　陳秀琳：〈評劉文淇《左傳舊疏考正》〉，《中國文哲研究通訊》第 10 卷第 1 期（2000 年 3 月），頁 161～170。

# 第五章　《左傳舊疏考正》研究再議

　　陳秀琳先生在〈評劉文淇《左傳舊疏考正》〉一文中，曾指出劉文淇對文獻的處理態度「過於單純」。〔註1〕然而，這份「單純」，使得劉文淇在論述如何釐析、歸屬《左傳正義》文字之過程中，說服力稍顯不足，以致於有幾分武斷與牽強。此問題主要有三：其一，劉文淇對歷代編纂「史志目錄」的瞭解程度，包含該史志目錄編纂的依據、所著錄的時代，與史志目錄所著錄之經籍，應視為非為一代之著述，而是一代之藏書；再者，劉文淇欲證《五經正義》之定本出於南朝及隋代，與顏師古所校定者無關，於《考正‧序》中舉出十例。後世學者雖不否認其說，但仍頗有爭議；此外，早出於劉文淇之《考正》，尚有其他清代學者，邵瑛、王謨輯佚劉炫《述議》之成果，劉文淇亦有所補充與批評。是故，此章將以文獻學為角度出發，討論《考正》歸屬文字之方法與文獻學知識所相涉問題。

　　本章分為三小節，除了探討《左傳舊疏考正》中所涉及的文獻學相關論述之餘，今筆者尚梳理後世學者各家說法，試有所補充。首先，第一節以目錄學為角度，探討劉文淇《考正》中兩個立說的重要關鍵論述。其一，劉文淇指《正義》引《隋書》亡佚書為舊疏；其二劉文淇稱劉炫無《規過》一書。劉文淇欲以《隋書‧經籍志》之著錄，以證初唐時期圖籍之存亡情形。但若以今日目錄學的角度重新檢討，仍尚有議論空間。第二節則是討論《考正》中另一個重要的論述「定本」。筆者由正史之記載南北朝官方整理經籍之活動，以及後世各家學者之說法，討論劉文淇對於「定本」之論述。第三節則是通過「輯佚」之文獻整理方法，討論清代「經學」與「輯佚」之關係，再

---

〔註1〕陳秀琳：〈評劉文淇《左傳舊疏考正》〉，《中國文哲研究通訊》第 10 卷第 1 期（2000 年 3 月），頁 168。

論早出於劉文淇《考正》對邵瑛《春秋規過持平》之評論與補充。

# 第一節　再議引書論述

## （一）劉文淇指《正義》引《隋書》亡佚書為舊疏

　　根據劉兆祐先生《中國目錄學》，所謂「史志目錄」，可分廣義與狹義二類。廣義的「史志目錄」，舉凡史書中藝文、經籍者皆可稱之，意即正史之外，如《通志・藝文略》、《文獻通考・經籍考》之目錄，亦屬其範圍之內。然則狹義之「史志目錄」，是指正史中的藝文志、經籍志。〔註2〕劉兆祐先生指出，史志目錄其實多據前代之目錄彙編而成。因早期私人藏書有限，而官府藏書比之私人藏書，為數更勝。故史志目錄所記載者，多能反映一朝之學術發展情形，亦可作為瞭解一朝之圖書存亡情形。然而，《隋書・經籍志》所未著錄或著亡佚之經籍，是否可直接認定唐初已亡佚？此是劉文淇論證《左傳正義》剽襲劉炫《春秋疏議》與舊疏的重要依據。又《隋書・經籍志》未著錄，而《兩唐志》有著錄之經籍，是唐人自他書中摘錄而出；或是民間藏書，而唐代中葉之後再被官府所收藏者？此是分辨劉文淇稱劉炫無《春秋規過》一書可信之關鍵。〔註3〕

　　劉文淇將《正義》引書有《隋書・經籍志》云已亡或不著著錄者，即判為非唐人筆，而歸之舊疏。在《春秋・序》中，「年有四時」之疏文下，劉文淇有言：

　　　　《隋書》成於貞觀十年（636），《正義》作於貞觀十二年（638），《隋志》既云未見，作《正義》時安得見也？〔註4〕

〔註2〕劉兆祐：《中國目錄學》（臺北：五南圖書出版有限公司，1998年），頁113～114。

〔註3〕〔清〕錢大昕：《廿二史考異》（上海：上海古籍出版社，2004年），卷四十三，頁555～556。便對《隋書・經籍志》所著錄之經籍存亡，與其他書籍所引用之情形有所疑問。錢大昕列舉孔穎達《詩經正義・序》稱全緩、劉軌思、劉醜、劉焯俱有義疏等書為例，認為初唐儒者皆見之，但對照《隋志》卻不載，而提出疑義。再者，錢大昕又列舉劉焯《五經述議》二十卷、劉炫《春秋攻昧》十卷等書，發現皆記載於《隋書》，但《隋志》卻不著著錄。對此，錢大昕認為，「或謂《志》所著錄者僅唐初所收東都圖籍，漂沒之餘，固宜漏落，然史臣自言於舊錄之外更有附入，則有附有否，難辭絓漏之咎矣」。故錢大昕認為，《隋志》所著錄之不全，乃是肇因於經籍之落水，而有所遺漏。

〔註4〕〔清〕劉文淇：《左傳舊疏考正》卷一，頁8638。

此處列舉《正義》全書引《隋書・經籍志》已亡，或不著著錄者之書，凡一百九條。再者，劉文淇針對《左傳正義》引李巡《爾雅》注，而《隋書・經籍志》著錄爲亡佚，認爲：

> 自注漢中散大夫樊光撰，梁有漢劉歆犍爲文學中黃門李巡《爾雅注》三卷，亡。冲遠等預修《隋書》時，李巡《注》已亡，故之所引非唐人也。〔註5〕

劉文淇以《隋書・經籍志》之著錄爲根據，認爲《隋書・經籍志》既已著錄爲「亡」，就不該爲唐人所引。然而，清代學者姚振宗《隋書經籍志考證》有言：

> 唐初所收圖籍在《唐經籍志》，不在本志。本志所錄據隋人見存書目，非一一見其書而著之也。〔註6〕

上述所指「本志」，即《隋書・經籍志》。然姚振宗所言，其實已可知《隋書・經籍志》所著錄之書籍來源，本爲隋代官方所藏之書。故姚振宗的說法可以提供幾點思考：第一，《隋書・經籍志》之著錄是否可爲反映初唐時期的著述存佚情形依據，或僅止於記載隋代皇家藏書之情形？第二，《隋書・經籍志》之修纂與著錄，是否爲修纂者一一親見而著錄之？倘若後世學者能更深入去探討與目錄學相關的問題，如此一來，便可知劉文淇對於《隋書・經籍志》著錄書之來源與時間點，可能有所誤解。然而，劉文淇又言：

> 修《隋書》之時，其時方詔求天下遺書。穎達方預其事，豈有家藏是書而不上史局，乃於《隋志》云已亡？疑非事理。〔註7〕

陳秀琳藉以清代學者姚振宗之說，反駁劉文淇，並認爲初唐購求遺書與《隋書・經籍志》的著錄情形並無直接關係。〔註8〕此外，由姚振宗之考證結果，可知《隋書・經籍志》所著錄之內容，並非編纂者所一一親見之。如此一來，便知與初唐時期向民間購求書籍一事無涉，不該視爲一事。

　　不過，劉文淇在《考正》編寫之時，劉文淇曾向好友劉寶楠交流成果。劉寶楠對於《考正》中，以「引書」爲判定疏文之歸屬，仍存疑義。劉文淇

---

〔註5〕　同上註。

〔註6〕　〔清〕姚振宗：《隋書經籍志考證・敘錄》（上海：上海古籍出版社，2002年），史部，冊915，頁8。

〔註7〕　〔清〕劉文淇：〈與劉楚楨書〉《劉文淇集》卷三，頁49。

〔註8〕　陳秀琳：〈評劉文淇《左傳舊疏考正》〉，《中國文哲研究通訊》第10卷第1期（2000年3月），頁168。

答劉寶楠書中，又以「又既能闇記，即何不錄出副本上之」，以此反對劉寶楠的觀點。筆者以為，劉文淇之說看似有道理，但也無法直接否認劉寶楠之假定。

除了引書的問題外，曾聖益亦指出，劉文淇混淆了《隋書》、《隋書·經籍志》二者之關係。〔註9〕雖《隋書·經籍志》收入於《隋書》中，但二者的成書時間、修纂學者並非同一，故應將二者之關係有所分別。根據劉兆祐先生《中國目錄學》所言《隋書》與《隋書·經籍志》之關係。〔註10〕首先，《隋書》八十五卷，唐魏徵等撰。《隋書·經籍志》則收入卷三十二至三十五。唐太宗貞觀三年（629），詔秘書監魏徵等人修《隋書》。此外，魏徵又奏請於中書省置秘書內省，令前中書侍郎顏師古、給事中孔穎達、著作郎許敬宗（592～672）等參與修纂。再者，貞觀十五年（641），又詔左僕射于志寧（588～665）、太史令李淳風（602～670）、著作郎韋安仁等人，同修梁、陳、北齊、北周、隋等五朝史，世稱「五代史志」，並於高宗顯慶元年（652）付梓，由太尉長孫無忌（597～659）奏上。此後，「五代史志」併入於《隋書》內。是故，《五代史志》中之〈經籍志〉，乃是《隋書·經籍志》。由此可知，《隋書·經籍志》雖作於初唐，但其所著錄之書，乃是考梁、陳、北齊、北周、隋等朝之圖籍著述。是故，知劉文淇以《隋書·經籍志》為初唐經籍存佚之根據，似乎有所誤解。

然而，會發生劉文淇所言，《正義》所引書在《隋書·經籍志》著錄為亡佚，而竟又出現在《正義》之疏文中，看似不合常理。不過，若以現今對目錄學的知識而言，「史志目錄」之編纂原意，本不為記載一代之著述，這是後世學者在使用史志目錄時，應留心之處。劉兆祐先生於《中國目錄學》，則是分析《隋書·經籍志》所著錄不全之原因，藉由《隋書·經籍志·序》，說明。〔註11〕

《隋書·經籍志·序》寫道：

> 隋開皇三年（583），秘書監牛弘表請分遣使人，搜訪異本。每書一卷，賞絹一匹，校寫既定，本即歸主。於是民間異書，往往間出。及平陳已後，經籍漸備。檢其所得，多太建時書，紙墨不精，

---

〔註 9〕曾聖益：《儀徵劉氏春秋左傳學研究》，頁 135。
〔註 10〕劉兆祐：《中國目錄學》，頁 143。
〔註 11〕劉兆祐：《中國目錄學》，頁 158～159。

書亦拙惡。於是總集編次，存爲古本。召天下工書之士，京兆韋霈、
南陽杜頵等，於秘書內補續殘缺，爲正副二本，藏於宮中，其餘以
實秘書內、外之閣，凡三萬餘卷。煬帝即位，秘閣之書，限寫五十
副本，分爲三品：上品紅琉璃軸，中品紺琉璃軸，下品漆軸。於東
都觀文殿東西廂構屋以貯之，東屋藏甲乙，西屋藏丙丁。又聚魏已
來古跡名畫於殿後，起二臺：東曰妙楷臺，藏古跡；西曰寶跡臺，
藏古畫。又於內道場集道、佛經，別撰目錄。

　　大唐武德五年（622），克平僞鄭，盡收其圖書及古跡焉。令司
農少卿宋遵貴載之以船，溯河西上，將致京師。行經底柱，多被漂
沒，其所存者，十不一二。其《目錄》亦爲所漸濡，時有殘缺。今
考見存，分爲四部，合條爲一萬四千四百六十六部，有八萬九千六
百六十六卷。其舊錄所取，文義淺俗、無益教理者，並刪去之。其
舊錄所遺，辭義可采，有所弘益者，咸附入之。〔註12〕

由上述文字可發現，此段〈序〉中所言爲水所漸濡之「目錄」，當即《隋書·
經籍志》所據以著錄之底本。但並未詳言是何本目錄。故可知，史志目錄一
般而言，皆是繼承前代目錄爲底本編纂，並非重新撰寫而成。《玉海》〈隋嘉
則殿藏書〉引《北史》：

　　隋西京嘉則殿有書三十七萬卷，煬帝另秘書監柳顧言等銓次，
除其重複猥雜，得正御本三萬七千餘卷，納於東都修文殿。又寫本
五十副本，簡爲三品，分至西京東都宮省官府，其正御書皆裝翦華
綺寶軸錦標，於觀文殿爲書室十四間，窗戶褥幔，咸極珍麗。〔註13〕

倘若將此段文字與《隋書·經籍志·序》相互對照，則可發現《隋書·經籍
志》所依據之目錄，應即大業年間由柳顧言所修纂《正御書目錄》。然而，由
於《隋書·經籍志》在編纂時，所據的《正御書目錄》已有所殘缺，同時又
將「文義淺俗，無益教理者，並刪去之」。因此，《隋書·經籍志》所載非是
一代之著作集成，而是一代之藏書集成。張舜徽先生有言：

　　書目之體，不外三途：自向、歆《錄》、《略》，下逮荀勖、王堯臣等，

---

〔註12〕　〔唐〕魏徵、令狐德棻撰：《隋書·經籍志》（北京：中華書局，1973年），卷
　　　　　32，頁908～909。
〔註13〕　〔宋〕王應麟：《玉海》二百四卷（臺北：大化書局，1977年），卷52，頁1032
　　　　　～1033。

皆因校書而敘目錄，此朝廷官簿也。班氏刪《七略》以入《漢書》，爲〈藝文志〉，歷代史志因之，此史家著錄也。若晁、陳之總錄家藏，各歸部類，則私家之書目耳。三者義例雖近，而依據各殊。大抵官簿、史志但據秘府所藏，其不入秘府者不載。自劉《略》、班《志》，下逮荀勗、王儉之書，隋、唐之史，靡不皆然。私家書目，則只就一門所藏著錄之，其所登載，視官簿、史志，疏漏尤多矣。且自來編書目者，恒好出己意，審定別則於其間，去取之際已嚴，刪除之書不少。《隋書・經籍志》曰：「其舊錄所取，文義淺俗、無益教理者，並刪去之」。《玉海》卷五十二引《國史志》言《崇文總目》亦有可取而誤棄不收者。然則古人編目之時，既局於收藏，又嚴於取捨，其所著錄，蓋僅十之六七而已。〔註14〕

張舜徽先生這席話，是提醒後世學者，當我們認爲檢索史志目錄，可作爲一朝之著作存佚之依據，卻往往忽略到，史志目錄所著錄之經籍，並非「記一朝之著作」，而是「記一朝之藏書」。或甚至如張先生所述，學者在編纂史志目錄時，甚至會審定該書內容，是否合適著錄於正史目錄中。如此一來，便可知史志目錄乃無法爲一朝著作之唯一存佚依據。

然而，除了考慮到目錄的知識運用外，後世學者也提出了「轉引」的可能性。陳秀琳指出，引書不必是撰者親見其書，並言南北朝末年以來爲義疏者，莫不以前儒之義疏爲本。陳秀琳並舉桓公二年《傳》「袞冕黻珽」，劉文淇言此說引阮諶《三禮圖》者，皆出沈文阿之說。然而，陳秀琳考〈王制〉疏文引皇侃說與沈文阿說全同，而《陳書・儒林傳》稱沈文阿「博采先儒異同，自爲義疏，治《三禮》、《三傳》」，〔註15〕顯示沈文阿亦是因襲皇侃說。《三禮圖》確爲沈文阿所引，而沈文阿未直接就原書引之，實就前儒義疏而轉引。陳秀琳指出，《左傳正義・序》則已經說明據劉炫爲本，補以沈文阿，其實皆是輾轉相因襲也。〔註16〕

曾聖益表示，劉文淇據《隋書・經籍志》而判斷唐代已亡佚不存之書，亦見於其他唐人著述中。例如劉欣期《交州記》、張勃《吳錄》、裴淵《廣州

---

〔註14〕張舜徽：《廣校讎略》（武漢：華中師範大學出版社，2004年），頁53。
〔註15〕〔唐〕姚思廉：《陳書》（北京：中華書局，1972年），卷33，頁434。
〔註16〕陳秀琳：〈評劉文淇《左傳舊疏考正》〉，《中國文哲研究通訊》第10卷第1期（2000年3月），頁168～169。

記》及《爾雅》李巡注及舍人注。而且，古人徵引前說，多輾轉徵引，未必親見原書。如此，《五經正義》所徵引之《爾雅》李巡注，皆可能出自輾轉相引。然劉文淇所認為的「剿襲」，便稍顯苛責。〔註17〕

　　郭院林則認為，劉寶楠已經提出他的看法，即孔穎達與劉炫的時代相當，不能據此否定孔穎達未見。此外，古人引書未必要親見某書，大多可以根據自己的記憶所及轉述。〔註18〕

### （二）劉文淇稱劉炫無《春秋規過》一書

　　劉文淇在《考正》中指出，因《隋書‧經籍志》與《隋書‧劉炫傳》並無劉炫作《春秋規過》一書之記載，故劉文淇認為劉炫無《春秋規過》。

> 《隋書‧劉炫傳》及〈經籍志〉載炫《春秋述議》、《春秋攻昧》，無所謂「規過」者。《新唐志‧藝文志》載《春秋攻昧》十二卷，又《規過》三卷。《唐志》據《開元目錄》，蓋後人摘疏中所駁杜說袠集之。光伯規杜氏之失，即具疏中，非有一書，即「規過」二字亦孔氏語，必知然者。《隋書》乃魏徵、孔穎達等所撰，〈經籍志〉所載皆據見存者其亡失者，亦條列於下。〈劉炫傳〉及〈經籍志〉俱不載規過，則本無是書矣。〔註19〕

由上述引文，便可知劉文淇的確是將《隋書》與《隋書‧經籍志》的關係混淆。因劉文淇乃根據《隋書‧劉炫傳》與《隋書‧經籍志》，二者無記載與著錄《春秋規過》，便言《春秋規過》乃為後人所集成。然而，筆者分別考察《述議》、《規過》、《攻昧》之著錄情形。劉炫《春秋左氏傳述議》，《隋書‧經籍志》著錄為四十卷，且有云：「東京太學博士劉炫撰」。〔註20〕《舊唐書‧經籍志》有言：「《春秋述議》三十七卷，劉炫撰」。〔註21〕《新唐書‧藝文志》則省稱《述議》，亦著錄三十七卷，卷數與《隋書‧經籍志》異。〔註22〕然而，《北史》卷八十二〈劉炫傳〉，稱劉炫之《春秋述議》卷數與《隋書‧經籍志》合。〔註23〕

---

〔註17〕　曾聖益：《儀徵劉氏春秋左傳學研究》，頁204。

〔註18〕　郭院林：《清代儀徵劉氏《左傳》家學研究》，頁217。

〔註19〕　〔清〕劉文淇：《左傳舊疏考正》卷一，頁8644～8645。

〔註20〕　〔唐〕魏徵、令狐德棻撰：《隋書》（北京：中華書局，1973年），卷32，頁930。

〔註21〕　〔後晉〕劉昫等撰：《舊唐書》（北京：中華書局，1975年），卷46，頁1978。

〔註22〕　〔宋〕歐陽修、宋祁撰：《新唐書》（北京：中華書局，1975年），卷57，頁1439。

〔註23〕　〔唐〕李延壽撰：《北史》（北京：中華書局，1974年），卷82，頁2767。「述

　　《舊唐書‧經籍志》之著錄，劉炫有《春秋規過》三卷，與《新唐書‧
藝文志》同，而《規過》三卷乃不見《北史》本傳與《隋書‧經籍志》之著
錄，知本傳及《隋書‧經籍志》將《規過》三卷合於《述議》三十七卷內，
故兩《唐書》始分開著錄。〔註24〕《宋史‧藝文志》及《崇文總目》所載，
並僅存一卷，故當時應亡佚其中三十九卷。〔註25〕

　　劉炫《春秋規過》、《春秋攻昧》兩書皆不見於《隋書‧經籍志》著錄，
其《春秋攻昧》，《北史》本傳載十卷，兩《唐志》並作十二卷。而《新唐志》
省稱「攻昧」。而《春秋規過》，《北史》與劉炫本傳皆不載。兩《唐志》著錄
爲三卷。《唐書‧藝文志》亦省「春秋」二字。清人馬國翰以爲兩《唐志》著
錄《規過》三卷、《述議》三十七卷者，即《隋書‧經籍志》所載《述議》四
十卷之分著。〔註26〕姚振宗《隋書經籍志考證》以爲本傳載《攻昧》，不載《規
過》，是《規過》即在《攻昧》十卷中，乃其中之一篇，非別爲一書。又《日
本國見在書目錄》載《述議》止三十卷，遂疑《隋書‧經籍志》四十卷亦併
《攻昧》在其中也。〔註27〕劉文淇利用《隋書‧劉炫傳》與《隋書‧經籍志》
皆無記載劉炫《春秋規過》，因而推斷此爲後人所裒集而成。與劉文淇時代相
當的輯佚學者陳熙晉（1791～1851）曾言：「隋《經籍志》載光伯《左氏述議》
四十卷，不及《規過》。據孔穎達〈序〉稱襲杜義而攻杜氏，疑《規過》在《述
議》中。《舊唐書‧經籍志》載《述議》三十七卷，較《隋書‧經籍志》少三
卷，而多《規過》三卷。此其證也」。〔註28〕

---

議」，《隋志》作「述義」。《隋書》卷七十五〈劉炫傳〉所載，則書名、卷數，
並與《北史》同。

〔註24〕　〔清〕姚振宗：《隋書經籍志考證》，卷6，頁100。云：「按，本傳載《攻昧》，
不載〈規過〉，是〈規過〉即在《規昧》十卷中，乃其中之一篇，非別爲一書。
《唐日本國書目》載《述議》止三十卷，進得其實，疑本志四十卷，又總《規
昧》十卷之數入於《述議》三十卷之中，而並稱炫有《春秋述議》四十卷，
然則合《述議》、《攻昧》、《規過》之數，當止得四十卷，是以《隋志》僅著
錄炫有《春秋左氏傳述義》四十卷」。由此可知，兩《唐志》俱稱炫有《春秋
攻昧》十二卷、《規過》三卷、《述議》三十七卷者，可能是卷數的著錄有重
疊所致。

〔註25〕　〔元〕脫脫等撰：《宋史》（北京：中華書局，1977年），卷202，頁5056。

〔註26〕　〔清〕馬國翰：《玉函山房輯佚書‧春秋規過輯本序》（上海：上海古籍出版
社，2002年），子部，冊1202，頁520。

〔註27〕　〔日〕藤原佐世：《日本國見在書目錄》（臺北：新文豐出版公司，1985年），
冊1，頁373。

〔註28〕　〔清〕陳熙晉：〈輯錄春秋規過條例〉《春秋規過考信》三卷（臺北：新文豐

　　然而，因原書皆已亡佚，故後世學者無法直接經由文本的比對，進而得到解答。退而求其次，改由研判歷代史志目錄之著錄情形。不過，通過筆者的考察，由上述的資料顯示，劉炫《述議》、《規過》、《攻昧》之卷數分合情形不一，但有極大的可能是同出一源，而後分著。才使得出現前代無著錄資料，但後代卻又爲之著錄的不合理情形。《攻昧》與《規過》之文，散見於孔穎達《左傳正義》中，馬國翰逐輯存，計得《攻昧》一卷十條；《規過》上、下二卷，凡一百七十九條。又王謨亦輯成《規過》一卷，存於《漢魏遺書鈔》。〔註29〕

　　劉文淇提出《隋書・經籍志》未著錄或著已亡佚之書，唐人不得徵引之說。儘管劉寶楠已有所質疑，但劉文淇不同意劉寶楠之說。對於李巡注《爾雅》一書，《隋書・經籍志》云亡佚，《新唐志》著錄；劉炫《春秋規過》一書，《隋書・經籍志》未著錄，《新唐志》有。劉文淇的看法爲：

> 　　《新唐志》據《開元目錄》作〈藝文志〉，有李巡《注》三卷，蓋玄宗時訪得之，或可後人裒集群書所引也。《冊府元龜・目錄類》：開元中，馬懷素請重修目錄，上疏曰：「南齊已前，填集舊編，王儉《七志》已後著述，其數盈多，《隋志》所書亦未詳悉，或古書近出，前志闕而未論，或後人相傳浮詞，鄙而猶記」。是則《隋志》所載之亡書及闕而爲載者，開元時有復出者矣。〔註30〕

此段文字，劉文淇說明《隋書・經籍志》稱「亡佚」但《唐志》著錄之書，乃出於「玄宗時訪得之」及「後人裒集群書所引」兩種情形，其特別舉出玄宗時，蓋藉以證明纂修《五經正義》者，必無法見得，以此證明《五經正義》所徵引者，必是舊疏。

　　誠如清代學者姚振宗之研究成果，認爲《隋書・經籍志》，乃依據隋代《正御書目錄》，與兩《唐志》不同。是故，當我們在使用史志目錄時，也不應使之成爲唯一的依據對象。故郭院林指出，不得據以爲唐初見存書目唯一之證明。〔註31〕

---

　　　　　　出版公司，1989 年），頁 335。

〔註29〕　〔清〕王謨《漢魏遺書鈔》收入《古籍叢殘彙編》（北京：北京圖書館出版社，2001 年），冊 5，頁 252。有言：「『規過』乃規杜《注》之失，『攻昧』文無可考，未詳所指。今散見《正義》，其中有旁攻賈、服及何休語，疑即屬《攻昧》文，非」規過也。凡共鈔出一百七十二條」。

〔註30〕　〔清〕劉文淇：《左傳舊疏考正》卷一，頁 8638。

〔註31〕　郭院林：《清代儀徵劉氏左傳家學研究》，頁 217。

## 第二節　再議定本論述

劉文淇在論證《左傳正義》之文字歸屬時，多次在《考正》中言及「定本」問題。於此，亦有兩個關鍵的論述必須討論：其一，即劉文淇認為南北朝以來皆有《五經》定本；其二，《左傳正義》在編纂時，非以顏師古所校《五經定本》為本。

然而，欲證《正義》所依據之校本，非唐初顏師古所校定之《五經校本》，劉文淇在《考正・序》中，列舉十例以證之。然看似合理的推論，但若以今日文獻學之相關知識再議，恐仍有討論空間。是故，筆者先討論南北朝時期，官方整理、校定經籍的情形，以討論南北朝以來是否有《五經》之定本的假設。後梳理後世學者對於劉文淇「定本說」之議論。

### （一）南北朝以來官方整理經籍之情形

漢成帝於河平三年（26），詔謁者陳農廣求天下遺書，同時任命劉向主持整理國家藏書。故劉向奉命領校秘書，所撰《別錄》。曹之《中國古籍版本學》曾論漢代劉向整理經籍之步驟。〔註 32〕第一，網羅眾本。第二，確定書名。第三，審定篇第。第四，校勘文字。第五，繕寫定本。第六，撰寫提要。然劉向整理官方經籍之步驟與方法，亦為後世學者所仿效與繼承。〔註 33〕

自漢代以來，漢武帝獨尊儒術，罷黜百家，確立了經學在學術研究的領頭地位。是故，官方校定群籍，首要之務即校定經書。然而，南北朝時期，政治上紛亂，但就歷史的記載，仍然可以見得官方整理經籍的活動，仍繼承前代所累積的成果，對於經籍持續校定、繕寫。故整理經籍，仍是每個政權重點施行的文治措施之一。〔註 34〕

北朝的北魏、北齊、北周亦編有官方書目目錄。十六國中見於記錄整理

---

〔註 32〕曹之：《中國古籍版本學》（武漢：武漢大學出版社，2007 年），頁 52～53。

〔註 33〕劉兆祐：《中國目錄學》，頁 114～117。劉先生言東漢班固作《漢書・藝文志》，其多據西漢劉向、劉歆之《別錄》、《七略》。一方面是《別錄》、《七略》所載，乃當時官府藏書之實錄。另一方面，在書目的分類上，亦有所繼承。

〔註 34〕有關南北朝之官方經籍整理活動，請參見陳德弟：〈北朝官府藏書活動考述〉《圖書館雜誌》（2003 年第 7 期），頁 73～75。陳德弟：〈試論十六國北朝的官私藏書〉《北華大學學報（社會科學版）》（第 9 卷第 2 期，2008 年 4 月），頁 63～68。陳德弟：〈梁武帝與梁朝的藏書事業述論〉《北華大學學報（社會科學版）》（第 10 卷第 1 期，2009 年 2 月），頁 86～93。傅璇淙、謝灼華主編：《中國藏書通史》（寧波：寧波出版社，2001 年），上冊第三編第一章，〈魏晉南北朝官府藏書〉，頁 93～117。

過官藏的有後趙、後秦和北涼。《晉書·石季龍載記上》載:「季龍雖昏虐無道,而頗慕經學,遣國子博士詣洛陽寫石經,校中經于秘書」。〔註35〕石季龍為後趙皇帝石勒(274～333)之從子。又《魏書·闞駰傳》載:沮渠蒙遜拜駰秘書監,「給文吏三十人,典校經籍,刊定諸子三千餘卷」。〔註36〕

北魏統一北方前,北魏道武帝「集博士儒生,比眾經文字,義類相從,凡四萬餘字,號曰《眾文經》」。可見,搜集書籍、整理經書,是當時北魏主加強文治的主要措施。統一後,文成帝接受秘書郎高謐建議,聚書校讎,「由是代京圖籍,莫不審正」。〔註37〕召集文人,校正官方之經籍。

根據今人陳德弟考察,北魏最大一次整理官藏,是在宣武帝時期。〔註38〕據《魏書·孫惠蔚傳》載:秘書丞孫惠蔚「入東觀,見典籍未周」,便上疏請求聚書整理。當時書多謬誤,乏人整校,為了早日告竣,他請求「令四門博士及在京儒生四十人,在秘書省專精校考,參定字義」。宣武帝許之。〔註39〕

北齊、北周對其官藏也進行了整理。《北齊書·樊遜傳》載:天寶七年(556),文宣帝詔樊遜等十一人「校定群書供皇太子」,樊遜依循漢代劉向校書規則進行。當時官藏不豐與書籍紕繆者多,難於操作,樊遜建議向私藏家借書,以相參校。〔註40〕《隋書·郎茂傳》載:郎茂「仕齊,解褐司空府行參軍,……後奉詔于秘書省刊定載籍」。〔註41〕

---

〔註35〕 《晉書》中,除了記錄晉朝之事,也將在華北各地興起、滅亡的各諸侯政權、國家事蹟之敘述,稱為〈載記〉。〔唐〕:房玄齡等撰:《晉書·石季龍載記上》(北京:中華書局,1974年),卷106,頁2774。

〔註36〕 〔北齊〕魏收:《魏書·闞駰傳》(北京:中華書局,1974年),卷52,頁1159。闞駰,生卒年月不詳,敦煌人,十六國時期著名的歷史地理學家,《王郎易傳注》、《十三州志》等著作的作者。

〔註37〕 〔北齊〕魏收撰:《魏書》,卷2〈太祖紀〉,頁39。

〔註38〕 陳德弟:〈試論十六國北朝的官私藏書〉《北華大學學報(社會科學版)》(第9卷第2期,2008年4月),頁63～68。

〔註39〕 〔北齊〕魏收撰:《魏書·孫惠蔚傳》,卷72,頁1853～1854。其載:「孫惠蔚,武邑武遂人也。年十五,粗通《詩》、《書》及《孝經》、《論語》。十八,師董道季講《易》。十九,師程玄讀《禮經》及《春秋三傳》。周流儒肆,有名于冀方」。

〔註40〕 〔唐〕李百藥:《北齊書·樊遜傳》(北京:中華書局,1972年),卷45,頁614。其記載:「天保七年(557年),與高乾和、馬敬德等十一名秀才同校群書,共同勘定御府藏書」。

〔註41〕 〔唐〕魏徵、令狐德棻撰:《隋書·郎茂傳》(北京:中華書局,1973年),卷66,頁1554。其記載:「郎茂,字蔚之,恒山新市人也。尤工政理,為世人稱頌。所撰《州郡圖經》一百卷,為當時罕見之,上賜帛三百匹」。

此外，至於南朝的部分，因西晉後期，中原戰亂、五胡交爭，歷代官方藏書遭到嚴重破壞。晉室南遷，許多文化世族負帙擔書、過江發展，將思想、制度與典籍帶入南方。江南自東晉始，梁武帝登基之後，憑藉個人對文教、圖籍的喜好，更是格外關注。正是在梁武帝的倡導和關注下，梁朝的官藏事業蓬勃發展。故知，梁朝之官藏亦是在宋、齊前代之基礎上建立而來的。梁武帝即位之後，便立即頒徵書令，求天下遺書，道：「今雖百度草創，日不暇給，而下車所務，非此孰先。便宜選陳農之才，采河間之缺，懷鉛握素，汗簡殺青，依秘閣舊錄，速加繕寫，便施行」。〔註42〕

南齊末年，由於後宮失火，其官藏遭受部分損失，殘存部分混亂不堪，蕭梁代齊後，立即對官藏進行整理。《梁書‧殷鈞傳》載：天監初年，殷鈞為秘書丞，「啓校定秘閣四部書，更為目錄」。〔註43〕同書《任昉傳》載：天監二年（503），昉為秘書監。「自齊永元以來，秘閣四部，篇卷紛雜，昉手自讎校，由是篇目定焉」。〔註44〕另外，自天監六年（507）至十一年（512），由尚書僕射徐勉領銜，大規模整理了禮書。至普通五年（524）才「繕寫校定」。〔註45〕

南朝學者阮孝緒（479～536）回顧南朝齊、梁之時的官方藏籍情形有言：

> 有梁之初，缺亡甚眾。爰命秘書監任昉躬加部集，又於文德殿內別藏眾書，使學士劉孝標等重加校進，其尚書閣內別藏經史雜書，華林園又集釋氏經論。自江左篇章之盛，未有逾於當今者也。〔註46〕

阮孝緒為南朝梁著名的學者與目錄學家，曾仿效劉歆、王儉之義例，而著有《七錄》。由上述之引文，可知南朝梁之經籍官藏，是繼承了前代之成果。又

---

〔註42〕〔清〕嚴可均校輯、〔梁〕任昉著：《全梁文‧為梁武帝集墳籍令》收入《全上古三代秦漢三國六朝文》，卷42，頁421。

〔註43〕〔唐〕姚思廉撰：《梁書‧殷鈞傳》（北京：中華書局，1973年），卷27，頁407。其載：梁武帝時曆秘書丞啓校定秘閣四部書，又受詔檢西省法書古跡，列為品目。後為國子祭酒。

〔註44〕〔唐〕姚思廉撰：《梁書‧任昉傳》，卷14，頁254。其載：任昉，字彥升，小字阿堆，樂安博昌人。南朝梁文學家。先後曾任先後任黃門侍郎、御史中丞、秘書監等職。

〔註45〕〔唐〕姚思廉：《梁書‧徐勉傳》（北京：中華書局，1973年），卷25，頁383。其載：徐勉，字修仁，東海郯人。齊朝曾任鎮軍參軍、尚書殿中郎、領軍長史。待梁建立之後，又擔任管書記、中書侍郎、諮議參軍等秘書性職務。

〔註46〕〔清〕嚴可均校輯、〔梁〕阮孝緒著：《全梁文‧七錄序》收入《全上古三代秦漢三國六朝文》（石家莊：河北教育出版社，1997年），卷66，頁687～688。

加上有學者劉孝標（462～521）之校勘，成為南朝經籍藏量最盛之時。

可見各代官方仍有整理經籍之活動，皇帝下詔學者校勘經籍文字，寫定本，而後在編有官方藏書目錄。是故，經由筆者之文獻梳理，可見經籍之整理，乃官方文治之重點，也象徵一朝之文化高度。而劉文淇所提出之假設，「六朝有《五經》定本」之說，雖無直接證據以證明，但由正史之記載，則應是可以推知。劉文淇提出此項假設，其前提是可以理解的。

### （二）後世學者對「定本說」之議論

劉文淇另一項定本之論述，即《正義》所使用之定本，乃南北朝以來之定本，非唐初顏師古所定之《五經校本》。對此，各家學者均有不同之看法。

陳秀琳指出，劉文淇於《考正‧序》一文中，舉十項例子，試圖反駁宋代端拱年間孔維表上《五經正義》有言，「或謂疏中每引定本，定本出於顏師古，則疏為唐人之筆可知」之說。劉文淇不拘於顏師古定本之通說，欲證齊隋以前皆有定本，並認為《正義》所引定本即必出唐人，此可視為劉文淇之創說。不過，劉文淇更進一步言疏中所有言定本者，無不皆指齊隋以前之定本，倒則未必。陳秀琳指出，縱劉文淇提出十項證據，猶不能否定其中或有顏師古，甚至也不能否定有宋代校刊《正義》所刊。故陳秀琳認為，文獻歷經多年、多人之刊刻，在無明確的證據之下，這是不易判斷。〔註47〕

郭院林針對劉文淇之「定本」說，提出五項質疑。〔註48〕其一，劉文淇自行將各時期的定本混為一談。然而，定本各朝代不同，亦未必皆以「定本」一詞為統一的定本稱呼。

其二，「疏云：古本亦有不重言者。劉炫云……」。此證誤在以為上下文為一人所為，所以據此斷定定本非顏師古所為。郭院林認為，其實這正好證明唐人作《正義》，是廣列眾說的述古之作，非必連貫，而以此文理作為判斷之依據，未必可信。因為《正義》與一般文章之行文方法不同，而且又歷經多人之手作修改，故行文難免出現矛盾，或邏輯不通的情形。但若以此便推斷為舊疏之說，則是流於武斷。

其三，唐人引顏師古定本，這是公認的事實，在於此成書的基礎之上，羅列他說，未必不可。劉文淇以崔靈恩《集注》應在顏師古定本之前，為之

---

〔註47〕陳秀琳：〈評劉文淇《左傳舊疏考正》〉，《中國文哲研究通訊》第 10 卷第 1 期（2000 年 3 月），頁 169。

〔註48〕郭院林：《清代儀徵劉氏《左傳》家學研究》，頁，216～217。

反駁證據，則未必成立。

其四，劉文淇僅聞顏師古作《五經定本》，據《公羊》、《穀梁》皆有定本，而未聞師古更定，從而反駁《五經定本》亦非顏師古所作，實有循環論證之弊。而且，《公羊》、《穀梁》之定本，亦不排除亦為顏師古所定之可能。其五，唐人《正義》歷經多人之手，有駁斥顏師古定本師說，亦不足為奇。

此外，曾聖益則由五方面，討論劉文淇所持論「定本」說之不足。〔註49〕其一，《左傳正義》所引定本說多本杜預《注》，且兼定注文，是應出於杜注獨尊之後。曾聖益並舉例莊公九年《經》：「夏，公伐齊，納子糾」。其疏文言：「今定本經文，糾上之且有子字」。又同年《經》曰：「九月，齊人取子糾殺之」。其疏文言：「定本上『納子糾』已言子，則此言子，非愍之也」。然而清人臧琳有言：「子字衍文，言唐定本之誤。《正義》於此引賈逵云『不言公子，次正也』。又於後『九月，齊人取子糾殺之』，下引賈逵云『稱子者，愍之』。可證賈景伯本於此無『子』字」。則指出，「子」字衍文是沿襲唐定本，但此無直接證據可證明。不過，卻可以據臧琳的說法，推測出賈逵本無「子」字，應該「子」字，則是據杜預注本而來。然而，曾聖益指出，知《正義》所言「今定本」，應是指校定經傳文字時，亦包含校定杜預之注文，且時間點應是在杜預注文成為一家獨尊之後。故曾聖益推論，顏師古作《五經定本》應是以如此方法校勘《五經》文字。因此，知《五經正義》中之「今定本」、「定本」，應有出於唐人之手。亦或是孔穎達纂《五經正義》時，兼校定文字，而即以「今定本」、「定本」稱之。

其二，劉文淇於《考正・序》中，舉例《顏氏家訓》之內容與《左傳正義》不同為證，說明《左傳正義》非以顏師古所定之本為定本。曾聖益認為，《顏氏家訓》乃為個人著作，而《五經正義》乃是官修經籍，此二者性質不同，乃不能相較之。且《五經正義》乃宗一家之注，使經、傳、注三者的詮釋說法合一，不容有異說，而其內容文字，亦是依照當時傳本之文字，而非以一己之說而改動。

其三，曾聖益指出，貞觀七年（633），顏師古所校《五經定本》已頒於天下。倘若《五經定本》、《五經正義》所用之定本不同，屬於兩套文字系統，便失去當時唐太宗校勘《五經》之初衷。是故，經過曾聖益之考察，發現到《五經正義》雖歷經多次修纂，但其修改的範圍，多集中在疏文的內容，而

〔註49〕曾聖益：《儀徵劉氏春秋左傳學研究》，頁206～209。

非經傳文字。因此曾聖益推論，可見《五經正義》之經、傳、注文，應是參考顏師古所校《五經定本》。

其四，曾聖益發現，另一劉氏的《左傳》學著作《左傳舊注疏證》「齊子取子糾殺之」，卻寫到「疏執唐所定本以駁」〔註50〕，豈劉文淇自悖其說。

其五，曾聖益認爲，劉文淇將《釋文》與劉炫有相同的看法，便歸之爲劉炫說之舉，覺得草率。有相同之持論，並非代表皆爲一人之說，亦有可能爲學術看法相同。

然而，針對曾聖益所言疑義第一點，指出「定本」應有出於唐人之手，張寶三先生有類似的看法。張先生一文〈倫敦所藏斯二七二九號敦煌《毛詩音》殘卷論考〉〔註51〕，其中亦談論至「定本」。張先生舉《詩經‧鄘風‧鶉之奔奔》爲例，將《正義》疏《詩經》與鄭《箋》之文作對照，發現到據《正義》此疏，則知其所據本《箋》文當爲「俱有常匹」，《正義》據《箋》文之說以疏經。然《正義》前據作「俱」之本以疏經，疏《箋》時則又引定本、集注以訂作「俱」本之非，此乃《正義》自訂其所據本之非，亦不合理。是故，張寶三先生認爲，既見《正義》有引「定本」以自訂其本之非者，正可見《正義》原據舊疏爲說，故依「俱有常匹」之《箋》文疏經，後引「定本、集注」以訂舊疏之非，正可見《正義》引定本以校勘者，疑出於唐人之手，定本當非齊梁間之定本也。

再者，根據曾聖益所言疑義第二點，「經傳之文字，非一己之說可改動」。管錫華先生《漢語古籍校勘學》寫到「校勘應注意的幾個問題」，其中便是「不可輕改古書」。〔註52〕管先生指出，校勘者多不改底本，而是將校勘意見寫於書後的「校勘記」中，抱持謹慎的態度。此外，杜澤遜先生《文獻學概要》，則是將文獻的形式，大體歸爲：著、述、編、譯四種。其中之「述」，杜先生指出，「著作，強調的是『無本於前』、『前始未有』，那麼『述』也就是『古已有之』，有所承因」。並且認爲，漢魏以來大量的著作，實際上多爲「述」，其中篇幅較大者，爲傳、注、義疏。而其內容多祖述《六經》。〔註53〕由此得

---

〔註50〕 〔清〕劉文淇、劉毓崧、劉壽曾撰著：《左傳舊注疏證》（上海：上海古籍出版社，2002年），經部冊126，頁336。

〔註51〕 張寶三：〈倫敦所藏斯二七二九號敦煌《毛詩音》殘卷論考〉《東亞《詩經》學論集》（臺北：國立臺灣大學出版中心，2009年），頁250～252。

〔註52〕 管錫華：《漢語古籍校勘學》（成都：巴蜀書社，2003年），頁226～231。

〔註53〕 杜澤遜：《文獻學概要》（北京：中華書局，2001年），頁38～39。

知，經書之編纂、校勘，多承前賢之經義訓解。又何況《五經正義》乃官方所編纂，更是不得大意。是故，劉文淇以此言指稱顏師古「數典忘祖」，違背家學之說，〔註54〕後世學人應多有所斟酌。

針對《五經正義》所依據之「定本」，目前仍多有討論。日本廣島大學文學部教授野間文史先生有一文〈春秋正義源流小考〉，〔註55〕野間先生也注意到《春秋正義》中時常出現的一詞「定本」。對於一般學術看法而言，多數認為《五經正義》所引之「定本」，乃唐人顏師古之校定本。不過，根據野間先生研究結果，發現其「定本」並非指顏師古之校定本。係指《五經正義》所依循之《五經》之本，五種《正義》皆各自相異。如此一來，野間先生認為並未存在《五經正義》所共同瞻仰的定本。

# 第三節　再議輯佚論述

## （一）輯佚與清代經學

我國古代經籍，不傳於世者已不少。元代學者馬端臨以史書之不傳為例，曾言：

> 漢、隋、唐、宋之史，俱有〈藝文志〉。然〈漢志〉所載之書，以〈隋志〉考之，十已亡其六七；以〈宋志〉考之〈隋〉、〈唐〉，亦復如是。〔註56〕

然而，造成經籍散亡之原因，歷代學者多歸之於「兵火」、「禍亂」等因素。《隋書·牛弘傳》曾記載牛弘在隋初時，曾上〈表〉請開獻書之路。

> 開皇初，遷授散騎常侍、秘書監。弘以典籍遺逸，上表請開獻書之路。〔註57〕

此外，〈表〉中詳述古今圖書歷經的五次重大危機。包含有：秦始皇焚書；王莽末年長安大火，官方藏書因此焚燬；東漢末年漢獻帝遷都，曹操挾天子以令諸侯，西京大亂，官藏經籍也遭受波及；西晉時因政權爭奪，而原本藏於

---

〔註54〕〔清〕劉文淇：《左傳舊疏考正·序》，頁 90。

〔註55〕請參見〔日〕野間文史著、金培懿翻譯：〈《五經正義》之研究〉，《中國文哲研究通訊》（臺北：中央研究院中國文哲研究所，2005 年 6 月）第 15 卷 2 期，頁 1～20。

〔註56〕〔元〕馬端臨著：《文獻通考·序》（臺北：新興書局，1963 年），頁 8。

〔註57〕〔唐〕魏徵、令狐德棻修纂：《隋書》，卷 49，頁 1297～1300。

秘府之經籍，幾近散亡；景侯之亂，而梁代以來所建立藏書，又毀於兵火之中。不過，有時候造成書籍亡佚的原因，也不盡然歸咎於天災人禍。杜澤遜先生指出，書籍亦有「自然淘汰過程」。〔註58〕如前述張舜徽先生所言，《隋志》之編纂，便必須視書籍之內容，而在決定是否收入，往往已刪去部分書目。再者，若某家之影響力大，其餘家派之說法，亦也會逐漸失傳。是故，學者們便將已經散佚的經籍，通過其他書籍中引用的材料，重新搜集、整理出來，企圖恢復原書面貌。劉琳與吳洪澤《古籍整理學》寫道：

> 歷代文獻不斷產生，不斷亡佚，學者在整理古籍時，不可能不做搜
> 討殘佚的工作，因此有古籍整理時，就會有輯佚。不過先秦兩漢時，
> 輯佚可能還只是一種萌芽。到魏晉南北朝，輯佚已廣泛使用。〔註59〕

自漢代「獨尊儒術」之後，儒家著作便成爲官方的正統思想，注經者眾。不過，這些注、疏經籍之書，在歷經長時間的刊刻與流傳之下，漢、唐間經注之作，多已亡佚。曹書杰《中國古籍輯佚學論稿》有言：「清初，漢學大盛，學者熱中考據，因而形成一股學術風尚，遂輯考古經注亡佚者大興，開清代輯佚之先聲。自兩漢而及魏、晉、六朝、隋、唐佚注，皆廣泛蒐羅。乾嘉學者們幾乎無不涉及古經佚注之輯佚。」〔註60〕由上述可知，清代學術發展，與輯佚有著密切的關係。

回顧清代學術，無論是官方或民間學者，皆有投入輯佚工作的記載。梁啟超先生有言：

> 吾輩尤有一事當感謝清儒者，曰輯佚。
>
> 書籍經久必漸散亡，取各史藝文、經籍等志，校其存佚，易見
> 也。膚蕪之作，存亡固無足輕重；名著失墜，則國民之遺產損焉。
> 乾隆中修《四庫全書》，其書采自《永樂大典》者以百計，實開輯佚
> 之先聲。此後茲業日昌，自周秦諸子、漢人經注、魏晉六朝逸史、
> 逸集，苟有片語留存，無不蒐羅撮錄……遂使〈漢志〉諸略、〈隋志〉、
> 〈唐志〉久稱已佚者，今乃累累現於吾輩之藏書目路中，雖復片鱗
> 碎羽，而受賜則既多矣。〔註61〕

---

〔註58〕杜澤遜：《文獻學概要》，頁219～220。

〔註59〕劉琳、吳宏澤：《古籍整理學》（成都：四川大學出版社，2003年），頁248。

〔註60〕曹書杰：《中國古籍輯佚學論稿》（長春：東北師範大學，1998年），頁204～205。

〔註61〕梁啟超：《清代學術概論》（上海：上海古籍出版社，1998年），頁61。

　　張舜徽先生有類似的看法，認爲清代學術界輯佚工作能夠普遍開展，與乾隆年間修《四庫全書》亦有密切關連。〔註62〕然而對於民間學者而言，清代學術發展與輯佚之間的關係密切。如晚清學者鄧實指出，清代以經學爲宗，進而帶動史學、子學等各項學術發展，亦連帶輯佚、訓詁等方法之成熟。〔註63〕張素卿先生指出，由惠棟所確立之「漢學」，進而帶動了學者蒐集「古義」的風氣。〔註64〕而清儒欲擺落宋明以來空疏之學風，欲通過漢人之注，重返孔子之微言大義。是故，清儒所提倡的「漢學」，其意義不僅只是恢復漢代經學，而是更進一步，欲將漢儒古訓，作爲探求孔子微言大義之門徑。此外，金培懿先生認爲，清代經學之治學方法，可上溯至明代中晚期以來的辨僞學，進行「考文知音」的作業。而乾嘉學者們在相信漢代經學家「去古未遠」之下，承襲漢代經學，由辨僞、校勘、輯佚、訓詁等方法入手，從事治經工作。〔註65〕

　　是知，「輯佚」與清代經學之發展密切。在民間學者紛紛有意識地加入「漢學」行列。然而，因漢代古義多已亡佚，散落在各書之中。故，清儒欲重新探求孔門之微言大義，其當務之急便是輯存古注，以重建漢代經學之面貌。

## （二）邵瑛《春秋規過持平》與劉文淇《左傳舊疏考正》

　　曾聖益於其《儀徵劉氏春秋左傳學研究》中，亦曾討論劉文淇對於邵瑛（1739～1818）、王謨（1731～1817）兩家輯佚成果之批評與補充。〔註66〕曾聖益指出，劉文淇《考正》發現邵瑛、王謨兩家輯劉炫之本，多有遺漏，並且指出，兩家雖針對《左傳正義》之疏文輯錄劉炫說。不過，所輯多爲唐人刪改，非劉炫原貌。再者，劉文淇另一《左傳》學著作《左傳舊注疏證》，中引邵瑛者，多爲贊同劉炫而駁孔穎達。故劉文淇之舉，恐怕是不合邵瑛作《持平》之本意。

　　然而，曾聖益由劉文淇討論邵瑛《持平》情形，得此結論。筆者尙有幾點補充。其一，邵瑛之其人其事，曾聖益並無討論。故讀者不知邵瑛成書動機與其目的，無法瞭解《持平》一書之於劉文淇《考正》之意義。其二，若

---

〔註62〕張舜徽：《中國文獻學》，頁148～151。

〔註63〕鄧實：〈國學今論〉《國粹學報》（揚州：廣陵書社，2006年），冊3，頁71～80。

〔註64〕張素卿：《清代漢學與左傳學：從「古義」到「新疏」的脈絡》，頁11。

〔註65〕金培懿：〈復原與發明～竹添光鴻《論語會箋》之注經途徑間論其於日本漢學史上之發展〉（《中國文哲研究集刊》第三十期，2007年3月），頁334。

〔註66〕曾聖益：《儀徵劉氏春秋左傳學研究》，頁210～214。

讀者能瞭解邵瑛《持平》之成書背景，便可知清代《左傳》學學風之轉變特色。其三，曾聖益言劉文淇《考正》中批邵瑛、王謨所輯劉炫《述議》文，乃經唐人刪改而不知。雖劉文淇言之，但此判斷仍有模糊的空間存在。

筆者觀察到邵瑛《春秋規過持平》與劉文淇《左傳舊疏考正》二書，亦可一窺清代《左傳》學之學術風尚的轉變。根據羅軍鳳先生之研究，發現清代《左傳》學之學風，清初顧炎武《左傳杜解補正》、沈彤《春秋左傳小疏》等書，其內容多爲史書徵引與辨證。而惠棟《左傳補注》始，開啓了清人欲作新疏，以取代唐人舊疏之風氣。輯漢人古義，欲以漢學作爲學術之典範，故輯佚書大盛。至乾隆末年至嘉慶年間起，比勘、糾杜《注》之專著開始大量出現，其中，尚包含邵瑛《春秋規過持平》。〔註67〕

《四庫全書總目提要》對《左傳正義》之描述，可視爲清代初期官方學術之代表。館臣寫道：

> 今氏所傳，爲杜注、孔疏最古。杜《注》多強經就傳，孔《疏》亦
> 多左杜而右劉，皆是篤信專門之過，不能不謂之一失。〔註68〕

由四庫館臣所言，可知清初學者們已開始注意到杜《注》、孔《疏》之失。清代漢學大盛，故學者開始輯佚古義以檢討杜《注》。而清代亦有多家針對劉炫《述議》之文進行輯佚，清儒輯佚的主要對象，即是以《五經正義》爲根據，將隱含在其中的南北朝疏文，一一摘錄。邵瑛曾言：「《集解》發明甚多，古今稱之，然棄《經》從《傳》，先儒集群矢焉」。〔註69〕可見邵瑛與四庫館臣的看法相近。然則，邵瑛之學術背景、師承爲何。筆者先由傳記資料著手。〔註70〕

> 邵瑛的生平。邵瑛，字瑤圃，浙江餘姚人。乾隆四十九年（1784）
> 一甲二名進士，授翰林院編修，改內閣中書。嘉慶三年（1789），充
> 湖北鄉試副考官。旋以告歸，不復出。瑛邃深經術，以《左傳》杜
> 《注》、孔氏《正義》所駁劉炫義，未免左袒，著《劉炫規杜持平》
> 六卷。又以《說文》之字正《十三經》及《逸周書》、《大戴禮》、《國

---

〔註67〕 羅軍鳳：〈漢學視野中的杜注〉《漢學研究》（第27卷第3期，2009年9月），頁253。

〔註68〕 〔清〕紀昀等纂：《欽定四庫全書總目》二百卷，首一卷（臺北：藝文印書館，1974年），經部，卷26，頁536～537。

〔註69〕 〔清〕邵瑛：《劉炫規杜持平・序》（清光緒戊子十四年（1888），江陰南菁書院刊本），葉一上。

〔註70〕 筆者由《清史列傳・盧文弨》、《續修四庫全書總目提要：經部》記載邵瑛之字，有二說。一爲「姚」圃；二爲「瑤」圃。供讀者參備。

語》沿襲俗字之謬，著《說文群經正字》二十八卷。〔註71〕

知邵瑛長於經學，尤深於《左傳》。根據張政烺先生主編《中國古代職官大辭典》，曾出任「翰林院編修」、「內閣中書」二職。其職務內容爲官方編纂經籍之職。〔註72〕又依據「人名權威檔」資料庫，發現邵瑛乃是紀昀之弟子。〔註73〕故筆者推知，邵瑛《持平》之成書，也許可以作爲清代官方《左傳》學的基調與態度，在試圖在維護《正義》之下，對杜預、劉炫二家之說，作出權衡。故邵瑛《持平》，以杜預所著《左傳集解》諸疑義，隋劉炫曾作《規過》一書以糾正之，而唐孔穎達所作《正義》則又左祖杜氏，對劉說每加駁辨，因著《劉炫規杜持平》六卷，考其得失，以釋兩家之紛。此外，《續修四庫全書總目提要：經部》有言：

> 清邵瑛撰。瑛字桐南，號姚圃，餘姚人。乾隆甲辰一甲二名進士。授編修。改內閣中書。漢儒賈誼爲《春秋左氏傳》訓詁。授趙人貫公。其後劉歆、鄭眾、陳元、賈逵、馬融、延篤、彭汪、許淑、潁容、謝該、服虔、孔嘉諸人各爲之訓釋。杜預分《經》之年與《傳》之年相附。題曰：《經傳集解》。晉時服、杜《注》俱立國學。至隋杜氏盛行。服義寖微，先儒多議杜棄《經》信《傳》。如成公十三年麻隧之戰，《傳》載秦敗績，而《經》不書。以爲晉直秦曲。則韓役書戰時公在師復不須告克。獲有功亦無所諱。於《左傳》之例皆不合。不曰《傳》之繆。而猥稱《經》文闕漏。此其尤甚也。南朝則崔靈恩著《左氏條議》以難杜。北朝則張沖著《春秋義略》。異乎杜氏者七十餘事。魏冀隆精服學，難杜六十三事。劉炫光伯撰《左傳述議》四十卷。性矜伐。雅好非毀。其規杜氏之失一百五十餘事。《唐志》作三卷。孔穎達作《正義》，據劉義以爲本。而於《規過》概以爲非。蓋多曲附杜氏，拘於作疏之體。紀昀編纂《四庫》，嘗欲作規杜持平以釋兩家之紛。嘉慶壬戌屬瑛曰，「爲我成之」。時瑛爲《說

〔註71〕王鐘翰點校：《清史列傳・盧文弨》（北京：中華書局，1987年），卷68，頁5495。

〔註72〕張政烺：《中國古代職官大辭典》（鄭州：河南人民出版社，1990年），頁172、986。

〔註73〕根據中央研究院歷史語言研究所「人名權威——明清人物傳記資料庫」（http://archive.ihp.sinica.edu.tw/ttsweb/html_name/search.php）之搜查結果，知邵瑛爲紀昀之弟子。（上網日期：2012年5月16日）

文群經正字》之學，未暇旁及。甲戌經始從事，閱年成書六卷。杜
解於曆法、輿地、氏族、官制至之最精密。惟訓詁之學較疏。句疏
字解之處，間有違失。光伯隋世大儒，起相詰難。互有得失。瑛以
炳燭之明，爲持平之論。殘文墜簡，不厭推詳。於孔疏袒杜之過，
多所匡正。〔註74〕

由上述引文可知，《續修四庫全書總目提要》所言，乃梳理歷代《左傳》學之
發展。雖杜預《注》風行一時，然則亦有駁杜預《注》者。《續修四庫全書總
目提要》亦注意到，《正義》基於「疏不破注」之原則，對杜《注》多有區附。
然而又知，清初編纂《四庫全書》時，紀昀已經有初步想法，欲將釋杜預、
劉炫兩家之糾紛。嘉慶七年（1802）邵瑛著《劉炫規杜持平》，對劉炫與杜預
兩家，作學術上的權衡。因劉炫與孔穎達二人所身處之時代相當，孔穎達得
劉氏說甚易，但二人的學術觀點卻是南轅北轍。劉炫《規過》處處規杜，孔
穎達處處申杜，每於疏中斥其非，邵氏作折衷之詞。〔註75〕

　　乾嘉漢學的《左傳》學研究，由輯佚漢儒古注始。在《左傳舊疏考正》
中，曾經提及對於劉炫著作進行輯佚者，有邵瑛與王謨二家。這二家輯劉炫
《述議》之文，皆早出於劉文淇。而劉文淇之《考正》，亦對該二家多有批評
與補充。

　　例如：昭公九年《傳》：「豈如弁髦，而因以敝之」。

　　　　昭公九年《傳》：「豈如弁髦，而因以敝之」。

　　　　杜注：童子垂髦始冠，必三加冠，成禮而弃其始冠，故言：「弁
　　髦因以敝之」。

　　　　疏云：案禮，未髻之時，必垂髦，故云童子垂髦也。〈士冠禮〉：
　　「始冠緇布冠，次加皮弁，次加爵弁」。是「始冠，必三加冠」也。
　　其記冠義云：始冠，緇布之冠，冠而敝之可也。〈玉藻〉亦云：「始
　　冠緇布冠，自諸侯下達，冠而敝可也」。鄭玄云：「本大古耳，非時
　　王之法服也」。是言本古而暫冠，既加而即弃，是禮成而弃其始冠，
　　故云弁髦而因以敝之也。弁有爵弁、皮弁，嫌緇布之冠不得名弁，

〔註74〕中國科學院圖書館整理：《續修四庫全書總目提要：經部》（北京：中華書局，
　　　1993年），冊2，頁691。
〔註75〕羅軍鳳：〈漢學視野中的杜注〉《漢學研究》（第27卷第3期，2009年9月），
　　　頁443。

故云弁亦冠也。《周禮》弁師掌冕，是弁為大名也。

劉炫以為弁、髦二物，以童子垂髦為髦，彼兩髦，又云「因以
敝之」者，謂親沒不髦。案：禮，加冠以後，親沒以前，身即成人，
猶自垂髦，何得云「童子垂髦」。髦既親沒乃弃，杜注何以不言親沒
也？若三加之後，弃弁不弃髦，杜注何得云弁其始冠，故言弁髦，
因以敝之，既連髦而言，明非親沒之髦也。髦之形像，鄭注〈士喪
禮〉云未聞。

文淇按：此疏踦駮驟難尋會，推究再四，知皆光伯語也。……
唐人借劉說以攻劉者多矣。邵瑛《規杜持平》漏引此條，是誤認為
孔氏駮劉之語。王謨知為「規過」，故《遺書》抄引之，以為光伯語。
然亦不知此條已經唐人刪改也。〔註76〕

以昭公九年《傳》文「豈如弁髦，而因以敝之」為例。此段《正義》分為兩
部分，一是申釋《傳》文「豈如」至「敝之」；一是詮解杜《注》「童子」至
「冠也」。劉文淇認為，兩段《正義》俱是劉炫語，但是卻被唐人「借劉說以
攻劉」。劉文淇言：「（唐人）不知光伯所云：『親沒不髦。』乃是申釋《傳》
文『敝之』之語，非詮解杜注『童子垂髦。』之言。」唐人在劉炫所云：「親
沒不髦」上，又增「童子垂髦為髦，彼兩髦」二句，使得本該在前申釋傳文
的段落，被挪置於後，且再增添二句之後，成為駮杜之語。

此般情形在劉文淇作《考正》之時屢見不鮮。劉文淇稱唐人《正義》刪
改劉炫之《述議》。而劉文淇以此反駁邵瑛、王謨之輯佚成果，認為所輯之文，
亦為唐人所刪改，並非原貌。不過，劉文淇的指稱若成立，其前提仍須建立
在他的考正結果是無誤的。但棘手的是，劉炫《述議》之文本早已亡佚，後
世學者以不能作直接比對。是故，邵瑛與王謨所以為的狀況，或許都必須在
所謂「經唐人刪改」的模糊地帶來進行說明，其實尚有釐清與再研究之空間。

---

〔註76〕 〔清〕劉文淇：《左傳舊疏考正》卷七，頁 8712。

# 第六章　結　論

　　清代經學欲重建漢代經學，希冀以「漢學」爲其治學典範，通過「去古未遠」之漢注，知曉孔子之微言大義。是故，清代經學以「漢學」爲其治學典範，有意識區別宋明理學抽象的思辯。然而，其意義非著重於恢復漢代經學，而是在漢學的基礎上，重新建構一套屬於清儒自己的解經體系。

　　因此，欲重新整理漢代經學，必先以恢復古義爲前提，故清儒通過以訓詁、輯佚等文獻整理方法，重新詮釋經典文字。清儒主張重返漢代經學，是因漢代師說去聖賢尤近，故清儒認爲，欲得經書之經義，其首要之務，是先著眼於漢代學者對經書之訓釋。因此，清儒方開啓整理漢人古義之工作。進而造就清代乾嘉時期以「考據」爲治學特色的風尚。

　　回顧本論文研究，可發現劉文淇之治學，與清代經學、《左傳》學之發展路徑相似，亦可言劉文淇之治學，受清代學術風尚影響甚深，但其中，也發展出屬於自己的考正方法。雖當今學者能以較成熟的文獻學知識，以補充劉文淇論述之不足。但劉文淇身爲清代以來，首位通盤檢討，並且逐一釐析《正義》資料來源之學者，應仍然予以肯定。今筆者試以「延續前賢對《十三經注疏》之研究」、「實事求是之治學精神」、「《考正》方法再突破」、「挑戰《正義》之權威性」等四項，再次彙整本論文研究成果。

## （一）延續揚州學者對《十三經注疏》的研究

　　林師慶彰曾指出，揚州學者中較早注意到《十三經注疏》的，是焦循與阮元二位學者。焦循有手批《十三經注疏》，以校勘的角度出發，討論毛氏汲古閣刊本內容訛誤與疑義之處。此外，焦循手批毛本《十三經注疏》之成果，

是為日後研究經學之基礎內容。如此一來，正突顯《十三經注疏》在歷經長期的文獻刊刻、流傳之下，所造成文字錯誤以及脫頁的情形。即便是一向以版本精良注稱的毛氏刻本，也是如此。

再者，阮元於嘉慶六年（1801）在浙江成立「詁經精舍」。為吸引更多青年學子投入經學研究，阮元除了親自授課外，也聘請當時有名的漢學家，如王昶、孫星衍等人，至書院執教授課。而阮元也將詁經精舍之學員與教員撰寫之較優文章，集合彙編為《詁經精舍文集》。其中，收入一系列學員討論六朝學術、唐人編纂《五經正義》之功過得失。名為〈六朝經疏流派論〉十三篇以及〈唐孔穎達五經義疏得失論〉五篇。學員們分析《正義》之功過之餘，同時指出《正義》內容「彼此互異」、「曲狗註文」、「雜引讖緯」等問題。此學術議題由阮元主導，也顯示阮元對於注疏之重視。然而，讀書需求善本，有精善的版本，方能求得經義。故阮元重新刊刻宋本《十三經注疏》附校勘記，延續揚州學者對《十三經注疏》之研究關注。因此，劉文淇在揚州學派學風的影響之下，逐步邁向其研究路徑，在該學術風向的耳濡目染，研究《五經正義》，便成為其一生研究的重要成果之一。

### （二）繼承前賢實事求是的治學精神

清儒所言「實事求是」，乃是針對宋明儒好「離經言道」、空談義理而提出。阮元治經，秉持實事求是之宗旨，並非株守漢代經師訓詁，亦不為鑿空之談，此亦為多數乾嘉時期之學者所秉持的研究準則。而身為揚州學派重要學者的阮元認為，讀書之門徑乃是經典注疏，若不依循前賢所留下的注疏進行探索，易流於空疏的論辨。

劉文淇身處在此學風之中，也承襲著這般態度，為自己治學的信念，是當時多數學人共同之治學特徵。劉文淇所著《青溪舊屋文集》中，可見其為他人作序、跋時，所慣用之評語即「實事求是」，這也說明此四個字對於劉文淇影響之深。然而，誠如筆者所述，劉文淇深受乾嘉學風，與揚州前賢之研究方向與治學精神。不過，劉文淇亦有所突破。他秉持著焦循、阮元以來，前賢對於文獻整理、比勘的嚴謹態度，同時又能突破當時文獻整理方法，發展出屬於自己的考正方式。

郭院林《清代儀徵劉氏左傳家學研究》中指出，劉文淇的兩部《左傳》學著作，《左傳舊疏考正》、《左傳舊注疏證》，其內容多吸收阮元《校勘記》之成果。不過，郭先生並無詳細的分析與討論。也並無指出這兩部著作對於

阮元《校勘記》內容之「吸收」情形爲何，比例爲多少等更深入的討論。此外，郭院林所指「吸收」一詞，也無確切的說明，其「吸收」所指爲劉文淇對阮元《校勘記》內容的繼承，又亦或是劉文淇再阮元《校勘記》的基礎之上，而有所突破。筆者分別以：春秋（左氏）序、襄公三十一年《傳》：「寡君使匄請命」、昭公六年《傳》：「士匄相士鞅逆諸河」、昭公二十年《傳》：「齊侯疥，遂痁」、昭公二十年《傳》：「出入周疏以相濟也」等五例，試圖比較阮元《校勘記》與劉文淇《考正》之異同。。

由筆者之文獻比對，可發現到，劉文淇之《考正》利用的資料引文，與阮元《校勘記》相去不遠，多以《經典釋文》、《正義》之說爲論述基礎。但是，劉文淇對於阮元《校勘記》的成果，若稱之爲「吸收」，恐怕仍有廓清空間。劉文淇是身處於揚州學人的經學傳統之下，利用先賢所留下的研究成果，再更進一步分析文獻，已突破原有的校勘基礎，在《正義》的文字中，尋找可能爲南北朝舊疏之說。是再將揚州學人研究《十三經注疏》的成果，往前繼續推進。是劉文淇以釐析《左傳正義》之文句，一方面試圖回顧南北朝經學研究之情形。此外，也突破阮元《校勘記》，利用各版本比勘文字的校勘方法，藉由分析《正義》之文字脈絡，發展出自己歸屬舊疏文字的考正方法。

### （三）《考正》方法的突破與發展

筆者試彙整林師慶彰、陳秀琳、郭院林與曾聖益等諸位先生之研究成果，希冀能有所補充。筆者將劉文淇《左傳舊疏考正》考正方法，分爲七大項，有：本校法、他校法、以時代專用語詞考正、以疏文論述方式考正、以引書考正、以上下文意考正、以定本考正等項目討論之。「本校法」乃言劉文淇利用《正義》中，內容相似的前後章節，相互比對；「他校法」指劉文淇考正《左傳正義》之方法，尚利用其他來自《五經正義》之資料，作共同檢驗之；「以時代專用語詞考正」，是言劉文淇檢視《正義》中，將內容涉及時代背景之文字、用語，特指分南北人、大隋等字樣；「以疏文論述方式考正」，指劉文淇歸屬《正義》文字，也包含釐析疏文的論述方式與觀察文句的脈絡方法。筆者又分以細項，「劉炫云」、「規杜非唐人語」、「駁漢非唐人」與「駁劉爲唐人」等討論；「以引書考正」，劉文淇認爲，孔穎達作《正義》，引前人之疏說甚多，若以史志目錄考察《正義》所引書之時代，便可之該書在當時的存佚情形。劉文淇作爲推斷舊疏之依據；「以上下文意考正」，是劉文淇根據行文的規律，將疏文中上、下文句重複、不連貫，或是說法不同者，皆推斷爲唐人刪改南

北朝舊疏之痕跡;「以定本考正」,劉文淇於《左傳舊疏考正‧序》中,列舉十項證據,試圖證明《左傳正義》所依據之定本,非顏師古所校之本,乃爲南北朝以來之定本,是言齊隋之前早有定本。

劉文淇《左傳舊疏考正》之成書,將唐人所編纂之《左傳正義》,依循其文意脈絡,分析出南北朝舊疏、劉炫《述議》與唐人新作之語。廓清清初以來,學者對於《五經正義》之資料來源的疑義。同時,亦是歷代以來,第一部系統性、完整地探討《左傳正義》之書。是故,學者多予以肯定學術價值。因此,《考正》之成就是功不可沒的。

劉文淇所提出之創見,後世學者多有補充。尤其是劉文淇考正《正義》的文獻知識,應用在版本、目錄引書、輯佚等三方面。這牽涉到劉文淇《考正》之立說的成立與否,是爲關鍵。

首先,劉文淇將《正義》引書有《隋書‧經籍志》云已亡或不著著錄者,即判爲非唐人筆,而歸之舊疏。劉文淇以《隋書‧經籍志》之著錄爲根據,認爲《隋書‧經籍志》既已著錄爲「亡」,就不該爲唐人所引。然而,清代學者姚振宗《隋書經籍志考證》有言:「唐初所收圖籍在《唐經籍志》,不在本志。本志所錄據隋人見存書目,非一一見其書而著之也」。除了引書的問題外,曾聖益亦指出,劉文淇混淆了《隋書》、《隋書‧經籍志》二者之關係。《隋書‧經籍志》收入於《隋書》中,但二者的成書時間、修纂學者並非同一,故應將二者之關係有所分別。

《隋書》八十五卷,唐魏徵等撰。《隋書‧經籍志》則收入卷三十二至三十五。唐太宗貞觀三年(629),詔秘書監魏徵等人修《隋書》。《隋書‧經籍志》,則是貞觀十五年(641),又詔左僕射于志寧、太史令李淳風、著作郎韋安仁等人,同修梁、陳、北齊、北周、隋等五朝史,是爲《五代史志》,並於高宗顯慶元年(652)付梓,由太尉長孫無忌奏上。此後,《五代史志》並與《隋書》合刊。是故,知劉文淇以《隋書‧經籍志》爲初唐經籍存佚之根據,似乎有所誤解。劉文淇對歷代編纂「史志目錄」的瞭解程度,包含該史志目錄編纂的依據、所著錄的時代,與史志目錄所著錄之經籍,非爲一代之著述,而是一代之藏書等

再者,劉文淇欲證《五經正義》之定本出於南朝及隋代,與顏師古所校定者無關,於《考正‧序》中舉出十例。後世學者雖不否認其說,但仍頗有爭議。然看似合理的推論,但若以今日文獻學之相關知識再議,恐仍有討論

空間。陳秀琳、郭院林、曾聖益、張寶三、野間文史等諸位先生，皆對劉文
淇所言《五經正義》之定本論述，提出檢討與補充。而諸位先生對劉文淇的
定本說，仍多持保留的態度。而後世學者也利用現今文獻學知識，重新討論
之，並認為劉文淇之推論殊不易斷。張寶三先生指出，《正義》之定本當出於
唐人之手，並不贊同劉文淇所言。而野間先生則是認為，《五經正義》所依循
之《五經》之本，五種《正義》皆各自相異。故目前學者對《正義》所據之
定本，仍有不同論述。

　　如晚清學者鄧實所言，清代以經學為宗，進而帶動史學、子學等各項學
術發展，亦連帶輯佚、訓詁等方法之成熟。張素卿先生則進一步指出，由惠
棟所確立之「漢學」，進而帶動了學者蒐集「古義」的風氣。早出於劉文淇之
《考正》，尚有其他清代學者，邵瑛、王謨等家輯佚劉炫《述議》之成果。然
劉文淇對二家之批評，其主張在於所輯多為唐人所刪改，非原貌。然劉文淇
之持論，尚須建立在其「考正」之方法、成果皆為正確為前提。但因《正義》
所襲為南北朝以來之文本，現多已亡佚，亦為複雜。

### （四）挑戰《正義》之權威性

　　清代經學另一項重要的成果，即清儒所新作《十三經注疏》。清儒通過收
集漢人古義，重新整理訓解之，以區別唐、宋以來，傳統的《十三經注疏》。

　　一般而言，因唐代刻《五經正義》，則一家之言而宗，採疏不破注之體例，
是為南北朝以來學術分裂的情形提出解套方法。唐代當局欲將學術的詮釋歸
於一家，以利官方舉行科考，以及學術統一。然而，遂使他家之說，與南北
朝以來義疏之說，是漸亡佚。然《左傳》當係以杜預《注》之詮解為多數，
唐人纂《左傳正義》採杜預《注》，宋代所刻《十三經注疏》，仍是依用杜預
《注》、孔穎達《疏》。至清代阮元重刻《十三經注疏》亦是如此。劉文淇所
身處學術風尚，乾嘉學者對杜預《注》則多有不滿。清代《左傳》學因杜預
《注》不著漢人古注之姓名，多有刪削，對杜預《注》多有不滿，又波及孔
穎達之《正義》，亦有所檢討聲浪。是故，清儒欲作新《疏》，通過作新《疏》，
藉以重新詮釋經義，發孔子之微言大義。

　　劉文淇在《考正・序》中，言唐代《左傳正義》所刪定者，僅是駁劉炫
的學說百餘條，其餘則仍為劉炫的學說。而後以《左傳》為研究主題，進而
以《左傳正義》為先，欲將《五經正義》之內容，逐條釐清。在整理過程中，
劉文淇發現《正義》之內容，多襲南北朝、隋以來之疏文，且多有刪改，並

削去姓名。再者，劉文淇發現《正義》中所引之書，部分在《隋書・經籍志》已著錄爲亡佚。此外，劉文淇更在《考正・序》中舉例，欲證南北朝以來皆有《五經》定本。而孔穎達修《五經正義》所依之校本，非顏師古所校之《五經》校本。劉文淇更對當時所輯劉炫《述議》之早出於者，邵瑛、王謨二家之成果，多有補充與批評。

後世學者多有補充劉文淇《考正》論述之不足，但多肯定其學術價值，言「瑕不掩瑜」。雖言劉文淇以另一《左傳》學著作《左傳舊注疏證》稱著於世，但其《考正》篇幅雖小，亦是劉文淇最早完成的《左傳》學專著。已對當時鮮爲人所研究的南北朝義疏學、《五經正義》等議題，帶來新的研究突破，同時也挑戰了長期以來，被視爲具權威性的《五經正義》。如此一來，使得世人得以由新的研究眼光，審視《五經正義》之內容，進而再次重溯南北朝、隋代的義疏學面目。

# 參考文獻

## 一、古　籍

### （一）經部

1. 〔清〕王鳴盛：《尚書後案》（臺北：復興書局，1972 年）。

2. 〔清〕邵瑛：《劉炫規杜持平》（清光緒戊子十四年（1888），江陰南菁書院刊本）。

3. 〔清〕劉文淇：《左傳舊疏考正》八卷（清道光十八年（1838）儀徵劉氏青溪舊屋家刻本）。

4. 〔清〕劉文淇：《左傳舊疏考正》八卷（清光緒三年（1877）湖北崇文書局刻本）。

5. 〔清〕劉文淇：《左傳舊疏考正》一卷（清光緒十五年（1889）上海蜚英館刻本）。

6. 〔清〕劉文淇著；中國科學院歷史研究所第一、二所資料室整理：《春秋左氏傳舊注疏證》（北京：科學出版社，1959 年）。

7. 〔清〕陳熙晉：《春秋規過考信》三卷（臺北：新文豐出版公司，1989 年）。

8. 〔清〕劉文淇、劉毓崧、劉壽曾撰：《春秋左氏傳舊注疏證》不分卷（上海：上海古籍出版社，1995 年）。

9. 吳靜安撰：《春秋左氏傳舊注疏證續》（長春：東北師範大學出版社，2005 年）。

10. 〔清〕阮元等校刻：《十三經注疏附校勘記》（北京：中華書局，1980 年）。

11. 〔清〕劉寶楠：《論語正義》（臺北：中華書局，1965～1966 年）。

12. 〔清〕焦循：《孟子正義》（北京：中華書局，1987 年）。

## （二）史部

1. 〔唐〕房玄齡等撰：《晉書》（北京：中華書局，1974年）。

2. 〔北齊〕魏收：《魏書》（北京：中華書局，1974年）。

3. 〔唐〕李百藥：《北齊書》（北京：中華書局，1972年）。

4. 〔唐〕姚思廉撰：《梁書》（北京：中華書局，1973年）。

5. 〔唐〕姚思廉：《陳書》（北京：中華書局，1972年）。

6. 〔唐〕李延壽撰：《北史》（北京：中華書局，1974年）。

7. 〔唐〕魏徵、令狐德棻撰：《隋書》（北京：中華書局，1973年）。

8. 〔清〕姚振宗：《隋書經籍志考證》（上海：上海古籍出版社，2002年）。

9. 〔後晉〕劉昫等撰：《舊唐書》（北京：中華書局，1975年）。

10. 〔清〕羅士琳等：《舊唐書校勘記》（上海：上海古籍出版社，2002年）。據湖北省圖書館藏清道光二十六年岑氏懼盈齋刻本影印。

11. 〔宋〕歐陽修、宋祁撰：《新唐書》（北京：中華書局，1975年）。

12. 〔元〕脫脫等撰：《宋史》（北京：中華書局，1977年）。

13. 支偉成：《清代樸學大師列傳》（臺北：藝文印書館，1970年）。

14. 〔清〕閔爾昌等編著；鄭曉霞、吳平標點，《揚州學派年譜合刊》（揚州：廣陵書社，2008年）。

15. 〔清〕劉文淇：《揚州水道記》清同治壬申（十一）年（1872）淮南書局補刊本綿紙本，據道光乙巳（廿五）年（1845）欲寡過齋校刊本補刊。

16. 〔宋〕盧憲撰、〔清〕劉文淇校勘：《嘉定鎮江志》（清宣統二年（1910）金陵重刊道光二十二年（1842）本）。

17. 〔清〕方濬頤修、〔清〕晏端書、錢振倫等纂：《〔同治〕續纂揚州府志》（臺北：成文出版社，1970年）。

18. 〔宋〕王象之撰、〔清〕岑建功輯、〔清〕劉文淇校：《輿地紀勝》（北京：中華書局，1992）據清道光二十九年（1849）懼盈齋刊本影印。

19. 王振世原著、蔣孝達校點：《揚州覽勝錄》（南京：江蘇古籍出版社，2002年）。

20. 〔清〕阿克當阿修、〔清〕姚文田等纂：《嘉慶重修揚州府志》（揚州：廣陵書社，2006）據清嘉慶十五年（1810）刻本影印出版。

21. 〔清〕王檢心修、〔清〕劉文淇、張安保纂：《道光重修儀徵縣志》（南京：鳳凰出版社，2008）據清光緒十六年（1890）刻本影印。

22. 〔元〕馬端臨著：《文獻通考》（臺北：新興書局，1963年）。

23. 〔清〕清代實錄館纂修：〈世宗憲皇帝實錄〉《清實錄》（北京：中華書局，1986年）。

24. 〔宋〕王溥：《唐會要》（臺北：世界書局，1989 年）。

25. 〔清〕紀昀等撰：《四庫全書總目》二百卷卷首一卷（臺北：藝文印書館，1974 年）。

26. 〔日〕藤原佐世：《日本國見在書目錄》（臺北：新文豐出版公司，1985 年）。

27. 中國科學院圖書館整理：《續修四庫全書總目提要：經部》（北京：中華書局，1993 年）。

28. 〔清〕錢大昕：《廿二史考異》（上海：上海古籍出版社，2004 年）。

## （三）子部

1. 〔清〕梁啓超：《中國近三百年學術史：清代學術概論合刊》（臺北：里仁書局，1995 年）。

2. 〔清〕梁啓超：《清代學術概論》（上海：上海古籍出版社，1998 年）。

3. 〔清〕馬國翰：《玉函山房輯佚書》（上海：上海古籍出版社，2002 年）。

## （四）集部

1. 〔清〕陳澧：《東塾讀書記》（上海：世界書局，1936 年）。

2. 〔清〕黃承吉：《夢陔堂文集》（臺北：文海出版社，1967 年）。據道光廿三年（1843）鹽城孫氏刻本影印。

3. 〔清〕劉寶楠：《念樓集》（臺北：文海出版社，1974 年）。據中央圖書館藏清稿本影印。

4. 〔清〕劉寶楠：《念樓外集》（臺北：文海出版社，1974 年）。

5. 〔清〕李慈銘：《越縵堂讀書記》（臺北：世界書局，1975 年）。

6. 〔清〕龔自珍著、萬尊巖注：《龔自珍已亥雜詩注》（臺北：河洛圖書出版社，1979 年）。

7. 〔清〕沈欽韓：《幼學堂文稿》（臺北：新文豐出版有限公司，1989 年）。

8. 〔清〕丁晏：《頤志齋文鈔》（臺北：新文豐出版有限公司，1989 年）。據雪堂叢刻排印。

9. 〔清〕劉毓崧著；劉承幹校：《通義堂文集》（臺北：新文豐出版有限公司，1989 年），據求恕齋叢書排印。

10. 〔清〕錢大昕撰、呂友仁點校：《潛研堂集》（上海：上海古籍出版社，1989 年）。

11. 〔清〕劉師培：《劉申叔遺書》（南京：江蘇古籍出版社，1997 年）。

12. 〔清〕嚴可均撰；陳延嘉、王同策、左振坤校點主編：《全上古三代秦漢三國六朝文》（石家莊：河北教育出版社，1997 年）。

13. 〔清〕劉壽曾著、林子雄點校、楊晉龍校訂：《劉壽曾集》（臺北：中央

研究院中國文哲研究所，2001 年）。

14. 〔清〕劉文淇：《青溪舊屋文集》（上海：上海古籍出版社，2002 年）。據湖北省圖書館藏清光緒九年（1883）刻本影印。

15. 〔清〕阮元：《揅經室集》（上海：上海古籍出版社，2002 年）。

16. 〔清〕包世臣：《藝舟雙楫》（上海：復旦大學出版社，2007 年）。

17. 〔清〕劉文淇著、曾聖益點校、蔣秋華審訂：《劉文淇集》（臺北：中央研究院中國文哲研究所，2007 年）。

18. 〔清〕沈欽韓：《幼學堂文稿》（上海：上海古籍出版社，2010 年），據清嘉慶十八年（1813）刻道光八年（1828）續刻本影印。

## （五）叢部

1. 〔清〕王謨《漢魏遺書鈔》（北京：北京圖書館出版社，2001 年）。

2. 鄧實、黃節主編：《國粹學報》（揚州：廣陵書社，2006 年）。

## （六）類書

1. 〔宋〕王應麟：《玉海》二百四卷（臺北：大化書局，1977 年）。

# 二、今人著作

## （一）學術專著

1. 侯外廬、趙紀彬、杜國庠等著：《中國思想通史》（北京：人民出版社，1956 年）。

2. 陳垣：《校勘學釋例・校法四例》（北京：中華書局，1959 年）。

3. 〔日〕小澤文四郎：《儀徵劉孟瞻文淇先生年譜》（臺北：文海出版社，1972 年）。

4. 劉文興：《劉楚楨先生寶楠年譜》（臺北：臺灣商務印書館，1986）

5. 趙航：《揚州學派新論》（江蘇：江蘇文藝出版社，1991 年）。

6. 沈玉成、劉寧：《春秋左傳學史稿》（南京：江蘇古籍出版社，1992 年）。

7. 林慶彰：《明代經學研究論集》（臺北：文史哲出版社，1994 年）。

8. 賴貴三：《焦循雕菰樓易學研究》（臺北：里仁書局，1994 年）。

9. 田漢雲：《中國近代經學史》（西安：三秦出版社，1996 年）。

10. 曹書杰：《中國古籍輯佚學論稿》（長春：東北師範大學，1998 年）。

11. 劉兆祐：《中國目錄學》（臺北：五南圖書出版有限公司，1998 年）。

12. 尚小明：《學人游幕與清代學術》（北京：社會科學出版社，1999 年）。

13. 賴貴三：《焦循手批十三經註疏研究》（臺北：里仁書局，2000 年）。

14. 〔日〕喬秀岩：《義疏學衰亡史論》（東京：白峰社，2001 年）。

15. 傅璇淙、謝灼華主編：《中國藏書通史》（寧波：寧波出版社，2001 年）。

16. 杜澤遜：《文獻學概要》（北京：中華書局，2001 年）。

17. 林慶彰：《清代經學研究論集》（臺北：中央研究院中國文哲研究所，2002 年）。

18. 梁啓超：《中國近三百年學術史》（天津：天津古籍出版社，2003 年）。

19. 管錫華：《漢語古籍校勘學》（成都：巴蜀書社，2003 年）。

20. 劉琳、吳宏澤：《古籍整理學》（成都：四川大學出版社，2003 年）。

21. 劉建臻：《清代揚州學派經學研究》（南京：江蘇人民出版社，2004 年）。

22. 王繼平主編：《晚清湖南學術思想史稿》（長沙：湖南人民出版社，2004 年）。

23. 張舜徽：《廣校雛略：漢書藝文誌通釋》（武昌：華中師範大學出版社，2004 年）。

24. 張舜徽：《清代揚州學記》（揚州：廣陵書社，2004 年）。

25. 張舜徽：《清儒學記》（武漢：華中師範大學出版社，2005 年）。

26. 葉國良等著：《經學通論》（臺北：大安出版社，2005 年）。

27. 羅檢秋，《嘉慶以來漢學傳統的衍變與傳承》，北京：中國人民大學出版社，2006 年。

28. 張素卿：《清代「漢學」與《左傳》學——從「古義」到「新疏」的脈絡》（臺北：里仁書局，2007 年）。

29. 曹之：《中國古籍版本學》（武漢：武漢大學出版社，2007 年）。

30. 劉玉才：《清代書院與學術變遷研究》（北京：北京大學出版社，2008 年）。

31. 牟潤孫：《注史齋叢稿（增訂本）》（北京：中華書局，2009 年）。

32. 卞孝萱、徐雁平：《書院與文化傳承》（北京市：中華書局，2009 年）。

## （二）單篇論文

1. 戴君仁：〈經疏的衍成〉《孔孟學報》，第 19 期（1970 年 4 月），頁 77～87。

2. 張惠貞：〈劉文淇之學術及其左氏傳之學承〉，《逢甲中文學報》（1991 年 11 月），頁 205～218。

3. 陳鴻森：〈劉氏論語正義成書考〉《中央研究院歷史語言研究所集刊》第 65 卷第 3 期（1994 年 9 月），頁 477～508。

4. 趙葦航：〈揚州學派學者遺跡概要〉，《中國文哲研究通訊》第 35 期（1999 年 9 月）》，頁 189～195。

5. 陳秀琳：〈評劉文淇《左傳舊疏考正》〉，《中國文哲研究通訊》第 37 期（2000

年 3 月），頁 161～170。

6. 〔日〕大谷敏夫：〈揚州、常州學術考〉《中國文哲研究通訊》（第 10 卷第 1 期，2000 年 3 月）93～114。

7. 謝明憲：〈「杜注補正」與劉文淇《左傳舊疏考正》〉，《東方人文學誌》第 2 卷第 1 期（2003 年 3 月），頁 133～149。

8. 陳德弟：〈北朝官府藏書活動考述〉《圖書館雜誌》（2003 年第 7 期），頁 73～75。

9. 〔日〕野間文史著、金培懿翻譯：〈《五經正義》之研究〉，《中國文哲研究通訊》（2005 年 6 月）第 15 卷 2 期，頁 1～20。

10. 郭院林：〈劉文淇學行考論〉，《雲夢學刊》2006 年 02 期（2006 年 2 月），頁 22～27。

11. 陳致：〈從劉顯曾、劉師蒼朱卷看儀徵劉氏的先世、科舉與學術〉，《南京曉莊學院學報》2006 年 03 期（2006 年 3 月），頁 66～78。

12. 藤井倫明整理、金培懿譯：〈從《五經正義》到《十三經注疏》～訪現代日本經學家野間文史教授〉，《中國文哲研究通訊》第 16 卷第 2 期（2006 年 6 月）。

13. 金培懿：〈復原與發明～竹添光鴻《論語會箋》之注經途徑間論其於日本漢學史上之發展〉（《中國文哲研究集刊》第三十期，2007 年 3 月）。

14. 石云生：〈明清時期占籍的嬗變〉《石河子大學學報（哲學社會科學版）》（2007 年第 6 期），頁 43～45。

15. 劉建臻：〈清代揚州學派經學研究〉，《揚州大學學報（人文社會科學版）》2008 年 02 期（2008 年 2 月），頁 120～123。

16. 陳德弟：〈試論十六國北朝的官私藏書〉《北華大學學報（社會科學版）》（第 9 卷第 2 期，2008 年 4 月）。

17. 陳德弟：〈梁武帝與梁朝的藏書事業述論〉《北華大學學報（社會科學版）》（第 10 卷第 1 期，2009 年 2 月），頁 86～93。

18. 羅軍鳳：〈漢學視野中的杜注〉《漢學研究》（第 27 卷第 3 期，2009 年 9 月）。

19. 葛星明：〈「揚州書信」所見「青溪舊屋」劉氏著作刊行考略〉，《史學月刊》2010 年 04 期（2010 年 4 月），頁 104～108。

20. 王嘉川：〈「揚州書信」所見《春秋左氏傳舊注疏證》出版考略〉，《史學月刊》2010 年 04 期（2010 年 4 月），頁 115～122。

21. 〔日〕福島吉彦著、喬風譯：〈唐《五經正義》撰定考～《毛詩正義》研究之一〉《中國經學·第八輯》（桂林：廣西師範大學出版社，2011 年），頁 87～102。

## （三）學位論文

1. 張惠貞：《劉文淇春秋左氏傳舊注疏證體例之研究》（臺中：逢甲大學中國文學研究所碩士論文，1991 年）。

2. 陳志修：《儀徵劉氏《春秋左氏傳舊注疏證》研究》（臺中：逢甲大學中國文學研究所碩士論文，1999 年）。

3. 劉建臻：《清代揚州學派經學研究》（揚州：揚州大學中國古代文學博士論文，2003 年）。

4. 曾聖益：《儀徵劉氏春秋左傳學研究》（臺北：臺灣大學中國文學研究所博士論文，2004 年）。

5. 郭院林：《清代儀徵劉氏《左傳》家學研究》（北京：北京大學中國古典文獻學博士論文，2007 年）。

## （四）論文集論文

1. 〔清〕汪家禧：〈六朝經術流派論〉《詁經精舍文集》（臺北：臺灣商務印書館，1966）卷一，頁 1～2。

2. 〔清〕邵保初：〈六朝經術流派論〉《詁經精舍文集》（臺北：臺灣商務印書館，1966）卷一，頁 5～9。

3. 〔清〕胡敬：〈唐孔穎達五經義疏得失論〉《詁經精舍文集》（臺北：臺灣商務印書館，1966）卷六，168～169。

4. 〔清〕趙坦：〈唐孔穎達五經義疏得失論〉《詁經精舍文集》（臺北：臺灣商務印書館，1966）卷六，頁 169～171。

5. 〔清〕陶定山：〈唐孔穎達五經義疏得失論〉《詁經精舍文集》（臺北：臺灣商務印書館，1966）卷六，頁 170～173。

6. 〔清〕錢福林：〈唐孔穎達五經義疏得失論〉《詁經精舍文集》（臺北：臺灣商務印書館，1966）卷六，頁 173～175。

7. 陳中凡：〈儀徵劉先生行述〉，《清暉集》（北京：書目文獻出版社，1987），頁 116～119。

8. 劉夢溪主編：《中國現代學術經典 黃侃、劉師培卷》（石家庄：河北教育出版社，1996 年）。

9. 張寶三：〈儒家經典詮釋傳統中注與疏之關係〉《「孔學與二十一世紀」國際學術研討會論文集》（臺北：國立政治大學，2001 年），頁 315～338。

10. 章權才：〈阮元與清代經學〉《清代揚州學術》（臺北：中央研究院中國文哲研究所，2005 年）下冊，頁 541～554。

11. 張寶三：〈倫敦所藏斯二七二九號敦煌《毛詩音》殘卷論考〉《東亞《詩經》學論集》（臺北：國立臺灣大學出版中心，2009 年）。

## （五）工具書

1. 張政烺：《中國古代職官大辭典》（鄭州：河南人民出版社，1990 年）。

## （六）資料庫

1. 中央研究院歷史語言研究所「人名權威—明清人物傳記資料庫」
   （http://archive.ihp.sinica.edu.tw/ttsweb/html_name/search.php）